'삶이란 끊임없이 나를 알아가는 과정'이 아닐까 생각해 봅니다.

그것들을 하나씩 하나씩 '유튜브'에 기록해 가면서

세상을 향해 당당히 걸어가 보시는 겁니다.

지금의 저를 있게 해주신 여러분들

진심으로 고맙습니다.

2022. 8월에   강정미 (조안쌤)

유튜브로
당신의 삶을
리디자인하라

유튜브로
당신의 삶을
리디자인하라

초판 1쇄 발행 2022년 08월 24일

지은이   김정미(조안쌤)
발행인   곽철식

편집   김나연
마케팅   박미애
디자인   박영정
펴낸곳   다온북스
인쇄   영신사

출판등록 2011년 8월 18일 제311-2011-44호
주소   서울시 마포구 토정로 222, 한국출판콘텐츠센터 313호
전화   02-332-4972   팩스   02-332-4872
전자우편   daonb@naver.com

ISBN 979-11-90149-82-2(03320)

- 이 책은 저작권법에 따라 보호받는 저작물이므로 무단 전재와 무단 복제를 금하며,
  이 책의 내용의 전부 또는 일부를 사용하려면 반드시 저작권자와 다온북스의 서면 동의를 받아야 합니다.
- 잘못되거나 파손된 책은 구입한 서점에서 교환해 드립니다.

- 다온북스는 독자 여러분의 아이디어와 원고 투고를 기다리고 있습니다.
  책으로 만들고자 하는 기획이나 원고가 있다면, 언제든 다온북스의 문을 두드려 주세요.

유튜브 새내기를 위한 유튜브 길잡이

유튜브로 당신의 삶을 리디자인 하라

김정미(조안쌤) 지음

다온북스
DAON BOOKS

일러두기

- 영어 및 역주, 기타 병기는 본문 안에 작은 글씨로 처리했습니다.
- 각주는 본문 아래에 작은 글씨로 처리했습니다.
- 참고 도서 및 기사는 각주 또는 병기로 처리했습니다.
- 외래어 표기는 국립국어원의 규정을 바탕으로 했으며, 규정에 없는 경우는 현지음에 가깝게 표기했습니다.

추천사

이제 유튜브 플랫폼은 젊은 사람들만의 전유물이 아니다.

통계로 보면 유튜브 시청자 중 40~50대가 가장 많은 시간을 소비한다고 한다.

그런 이유 때문인지 '중장년 유튜버'가 빠르게 늘고 있다.

"당신도 유튜브를 하고 싶지만, 무엇을 어떻게 해야 할지 막막하진 않은가?"

이 책《유튜브로 당신의 삶을 리디자인하라》는 인생 2막을 리디자인하고 싶은 중장년의 꿈을 현실로 이뤄줄 길로 친절히 안내해 줄 것이다.

단희TV (단희쌤, 이의상)

차례

제1장 나는 유일무이한 유튜버다
(유튜버 마인드셋)

제4장 당신의 소명을 찾아가라

제1장

나는 유일무이한 유튜버다

유튜버 마인드셋

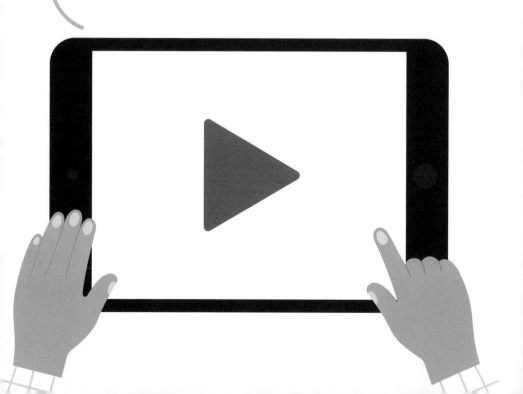

아직도 망설이고 있는가?

많은 사람이 말한다. '유튜브'는 이제 비전이 없다고. 그런 말을 하는 사람들은 실질적으로 유튜브를 하지 않는 사람이거나, 유튜브 채널을 운영했지만 별다른 재미를 보지 못했다고 스스로 생각하는 사람들한테서 나올 수 있는 전형적인 루머이다.

지난 2020년, 국내 4년제 대학 중 최초로 세종사이버대학교에 유튜버학과가 신설됐다. 프로 유튜버와 1인 미디어 크리에이터 등 미래 인재를 양성하고자 유튜브 플랫폼에 대한 전반적인 교육을 제공하고 있다. 또한 영상 및 사진 촬영, 영상 편집, 유튜브 방송 채널 구축 등 유튜버 특강을 비롯한 실무 위주의 교육과정을 제공하고 있다.

"20대 청년들 10명 중 7명이 유튜버 도전하고 싶다고 밝힌 가운데 해당 학과에 대한 인기가 치솟을 것으로 보인다."[1]

국내 4년제 대학에서 '유튜버학과'를 개설했다는 것은 '유튜브'가

---

1 "대학 입학하면 4년 동안 유튜브 보고 영상제작하는 '유튜버 학과' 드디어 생겼다", 〈인사이트〉, 2019.12.13. 참고

유튜브로 당신의 삶을 리디자인하라

이제는 하나의 학문 영역으로 인정받은 셈이다. 세종사이버대학교 뿐만 아니라 남예종예술실용전문학교에서도 유튜버학과가 개설됐 고, 한양사이버대학교 역시 광고미디어학과를 광고영상창작학과로 개편하는 등 1인 미디어 시대에 대응하고 있다.

실제로 지난 2019년 취업포털 사이트 '사람인'에서 성인 3,543명 을 대상으로 한 설문조사에 따르면 20대의 70.7%가 유튜버 도전의 의향이 있다고 답했다. 게다가 교육부와 한국직업능력개발원이 발 표한 진로 교육 현황조사에서도 초등학생 희망 직업 5~3위가 유튜 브 크리에이터를 차지했다.

필자는 경북 교육청 문화원에서 '크리에이터' 수업을 하고 있다. 경상북도 내에 있는 모든 초·중·고 학생들이 크리에이터 진로 수업 을 받기 위해 온다. 수업하는 클라스마다 학생들에게 장래 희망이 무엇인지를 꼭 묻는다. 그럴 때마다 빠지지 않고 나오는 직업군이 바로 '유튜버'이다. 1,000명 이상의 구독자를 보유하며 유튜브 크리 에이터로 활동 중인 필자를 보는 그들의 시선은 놀라움과 부러움, 신기함 그 자체이다.

내게 수업받는 초등학생 친구들은 묻는다.

"선생님, 유튜브에서 돈 많이 벌어요?"

아이들이 이렇게 묻는 건, 돈을 얼마나 버느냐가 최대의 관심사이기 때문이다. 앞으로 유튜브를 비롯한 콘텐츠 시장은 계속 커질 것으로 보여진다. 2019년 기준 1주당 136만 원이었던 '구글' 주식이 지금은 계속 상승세를 타고 있는 것만 보더라도 유튜브의 예측 성상을 기대할 수 있다.

최근 유튜브에서는 짧은 동영상을 다루는 플랫폼인 '유튜브 쇼츠'를 구축하면서 10~20대층을 많이 유입하고 있다. 유튜브의 막강한 경쟁력을 잃지 않기 위해 유튜브는 끊임없이 진화하고 있는 셈이다. 이젠 더 이상 '유튜브가 별 볼 일 없다' '유튜브는 레드오션이라서 지금 진입하면 늦었다'라는 말로 시대적 흐름과 역행하는 발상은 하지 말라.

▷▷ 유튜브는 퍼스널 브랜딩의 최고봉이다

"'어떤 영역'을 말했을 때 떠오르는 대표적인 사람이 바로 퍼스널 브랜드(Personal Brand)이고, 그것을 사람들에게 인식시키는 전 과정을 퍼스널 브랜딩(Personal Branding)이라고 한다."[2]

일관성 있는 콘텐츠를 가지고 유튜브를 하다 보면 특정 분야의 전문가가 될 수 있고, 자기 삶 또한 원하는 대로의 모습으로 만들어 갈 수 있다. 필자가 초창기 유튜버 시절에 선택했었던 키워드는 '좋

---

2   [퍼스널브랜더 김인숙 블로그, '퍼스널 브랜드의 정확한 뜻과 의미',
     <https://blog.naver.com/bestarbrand>, 2018. 02. 01.]

은 습관'과 '자존감 향상'이었다. 성공하는 사람들이 공통으로 갖추고 있는 것 중 하나가 바로 새벽 5시 기상이었다. 무작정 '그들을 따라 하기만 하면 내 삶에도 변화가 오지 않을까?'라는 설렘과 확신으로 나의 루틴을 만들어 갔다. 결국 2년이라는 시간 속에서의 새벽 5시 기상은 나를 작가로 만들어주었고, 유튜브 제작 및 관리기법을 전문적으로 가르치는 강사가 되게 해주었다. 내가 '유튜브를 하지 않았더라면?' 이뤄지지 않았을 엄청난 결과물들이다.

그야말로 유튜브는 나를 '퍼스널 브랜딩'하기 위한 최고의 도구인 셈이다. 나의 경험을 통해서 얻을 수 있었던 것들이기에 현장에서 수강생들을 지도하는 나의 에너지는 호소력이 있을 수밖에 없다. 내 수업을 받아 본 수강생들은 "조안쌤 덕분에 저에게도 꿈이 생겼습니다", "유튜브를 잘할 수 있을 것 같다는 자신감이 생겼습니다", "컴맹이었던 저에게도 잘 해낼 수 있다는 희망을 불어넣어 주셨습니다", "겁을 잔뜩 먹었었는데 조안쌤 보면서 따라가면 되겠다는 확신이 생겼습니다"라며 긍정적인 피드백을 해 주었다.

유튜브는 지극히 평범한 삶을 살았던 과거의 나를 작가이자, 유튜브 강사인 지금의 나로 만들어주었다. 그리고 앞으로 5년 후면 내 모습은 더 큰 성장을 이룰 거라 장담한다. 나는 분명히 유튜브의 비전을 보았기 때문이다. 퍼스널 브랜딩의 최고봉인 유튜브! 계속 망설이고만 있을 것인가? 평소 기계와 친하지 않았던 나 역시 하고 있다. 유튜브의 비전을 보게 된다면 얼마든지 극복해낼 수 있다.

▷▷ 유튜브는 충실한 나의 파이프라인이다

구독자 1,000여 명과 시청 시간 4,000을 채우면 광고 수익 활동을 할 수 있게 된다. 꾸준히 영상 올리는 것을 포기하지만 않는다면 누구나 가능하다. 하루 8~9시간을 꼬박 일해서 벌어들인 수익은 내 신변에 무슨 일이 생기게 되면 그 수익조차 포기해야 할 때가 있다. 하지만 유튜브 광고 수익은 내가 일하는 시간을 꼬박 채우지 않더라도 가능한 일이다. 잘 만들어 놓은 영상 하나가 평생 나를 위한 분신이 되어 일해준다.

MBN의 「서민갑부」 프로그램에 출연한 분들은 잠자는 시간만 빼고 온종일 자신의 사업을 위해서 올인한다. 물론 한 분야에 대한 장인정신은 높이 살만하지만 필자는 안타깝게 느껴지는 부분도 있다. 자신을 위해 오롯이 투자할 수 있는 여유로움은 없기 때문이다. 하루 중 최소한의 시간은 일을 하고, 일정 부분은 나를 위해 보낼 수 있는 시간도 가질 수 있는 사람이 진정한 부자의 모습이 아닐까 생각해본다.

▷▷ 유튜브는 나의 충실한 '포트폴리오'가 된다

'포트폴리오(Portfolio)'란 자신의 실력을 보여줄 수 있는 작품이나 관련 내용 등을 집약한 자료 및 작품집을 말한다. 필자는 처음 유튜브를 시작할 때 나의 유튜브 채널과 함께 성장하고 싶은 마음이었다. 그래서 습관과 자존감이라는 키워드로 출발하게 되었고, 유튜브에 대한 확신을 갖게 되면서 유튜브 강사까지 해야겠다는 의지를 다질 수 있었다. 유튜브를 시작할 때부터 '유튜브 강사가 된다'는 생각을 갖진 않았었다. 그러나 자기계발서를 읽다 보니 어느 순간 '나도 성공하고 싶다'라는 마음이 간절해지기 시작했다. 그들처럼 따라 하면 나도 될 것 같다는 확신이 들어서 무작정 따라 하기 시작했고, 그러한 과정들을 영상으로 찍어두면서 하나씩 하나씩 나의 스토리를 쌓아갔다. 그렇게 좋은 습관을 몸에 장착하다 보니 나의 자존감은 저절로 높아갈 수 있었고 유튜브 강사로까지 자리 잡을 수 있었다.

내 유튜브 채널 안에 있는 나의 영상들은 나의 기록물이 되어 각 기관에 강사 이력서를 낼 때마다 충실한 나의 포트폴리오가 되어주었다. 유튜브 강사로 지원하는 곳에서 기본적으로 원하는 것은 SNS 채널 링크였다. 서류 심사, 면접 심사에서 볼 수 없는 부분들을 나의 유튜브 영상들이 대신해주고 있다. 여태껏 이력서를 제출한 곳에서 99.9%의 합격률을 보여왔기에 자신 있게 말할 수 있다. 혹시 특성화 고등학교를 진학하고자 하는 자녀가 있다면 유튜브 채널에 자녀의 활동물을 기록해두기를 적극적으로 권한다. 충실한 자료가 될 것이다.

"수도선부(水到船浮)"라는 고사성어가 있다. '물이 차면 배가 떠

오른다'라는 뜻으로 물이 불어나면 큰 배가 저절로 떠오르듯이 준비된 자에게는 언젠가는 기회가 온다는 의미이다. 유튜브 채널을 운영하면서 인생 2막을 준비해보지 않으려는가?

▷▷ 유튜브를 하다 보면 나의 달란트(강점)를 찾을 수 있다

'유튜브를 시작하려면 하고자 하는 콘텐츠가 있어야만 가능하다'라는 관례적인 말을 듣고 겁부터 먹는 수강생들을 많이 봐왔다. 특정한 콘텐츠가 정해진 상태에서 시작하면 일단 50%는 갖춰진 듯한 마음을 먹게 된다. 그렇다고 해서 그들이 끝까지 가는 건 아니다. 초보 유튜버에겐 해내고자 하는 '열정'만 있으면 된다. 처음에 콘텐츠를 정해놓고 시작하더라도 자기 적성에 맞지 않아 바꿀 수도 있고, 반대로 콘텐츠가 없는 상태에서 시작했다가 자기에게 딱 맞는 콘텐츠를 찾게 될 수도 있다.

'닭이 먼저냐 달걀이 먼저냐?'는 절대 중요하지 않다. 일단 시작하는 것이 가장 중요하다. 이것저것 고민만 하다가 일 년이 넘도록 아직 시작조차 못 한 이들을 수없이 봐왔다. 무조건 시작하다 보면 어느 순간 '내가 무엇을 좋아하고 잘하는지?', '무엇을 할 때 내가 행복해하는지?' 깨닫게 된다. 필자도 유튜브를 하게 되면서 기계를 싫어했지만, 유튜브와 관련된 부분에서만큼은 파악하고 분석하는 능력이 있다는 것, 쉽게 가르치는 능력이 있다는 것을 알게 되었다. 이는 여러분들에게도 해당될 수 있다.

▷▷ 유튜브는 노후를 위한 보험이다

지역마다 개설된 평생교육원 교육 프로그램으로 '유튜브 제작하기' 과목이 인기다. 노후에 무위(無爲)가 주는 고충은 이루 형언할 수가 없을 테지만 유튜브를 하다 보면 무료함과는 이별하며 지낼 수 있다. 잘 키워진 채널은 노후에도 든든한 버팀목이 되어줄 것이다. 국민연금 외에 고정적으로 유튜브에서 수익이 발생한다면 손자 손녀들에게도 멋있고 능력 있는 할아버지 할머니로 보일 것이다.

당신의 노후는 어떤 모습으로 보이길 원하는가? 화려한 인생 2막을 보여주고 있는 대표적인 시니어 유튜버로 박막례 할머니가 있다. 브이로그와 여행, 요리, 메이크업 등 다양한 콘텐츠를 올리며 136만여 명의 구독자를 보유하고 있다. 구독자가 100만 명이 넘으면 기업인 셈이다. 베스트셀러가 된 할머니의 저서 『박막례, 이대로 죽을 순 없다』의 전문에 인상적인 내용이 담겨 있어서 잠시 소개해 본다.

> "희망을 버리면 절대 안 돼요. 희망을 버렸으면 다시 주서 담으세요. 그러믄 돼요. 희망은 남의 게 아니고 내 거에요. 여러분이 버렸으면 도로 주서 담으세요. 버렸어도 다시 주으세요. 인생은 끝까지 모르는 거야."
>
> -[박막례, 김유라(2019), 『박막례, 이대로 죽을 순 없다』(위즈덤하우스)] 중에서

칠순이 훨씬 넘으신 연세에 당신이 이렇게 유튜버로 유명해져서 유튜브 CEO와 구글 CEO를 만나고 온 국내 최초의 시니어 유튜버가 될 거라고 상상이나 하셨을까? 평소 입담이 좋았었던 할머니는 유튜브를 만나게 되면서 그녀의 기량을 마음껏 뽐낼 수 있게 된 것이다.

노후에 유튜브를 하면서 매달 나오는 광고 수익으로 먹고 싶은 것 먹고 여행 다니고 싶은 데 다니면서 그렇게 즐겁게 살 수 있다면, 그야말로 축복받은 삶이라 할 수 있겠다.

유튜브로 당신의 삶을 리디자인하라

당신이 좋아하는 것
vs 잘할 수 있는 것

"자신이 좋아하는 것을 할 것인지? 자신이 잘할 수 있는 것을
할 것인지?"

유튜브 콘텐츠를 정하는 데 있어서 많은 수강생이 힘들어하는 부
분이 바로 이것이다. 어느 하나를 좋아하면서 잘할 수 있는 것이 있
다면 그 사람은 축복받은 사람이다.

좋아하면서 잘하기까지 하다니, 이것만 한 것이 어디 있겠는가?
하지만 그 두 가지를 충족하고 있는 이들은 극소수다. 유튜브를 하
는 사람들을 세 유형으로 나누어 볼 수 있다. '현업'에서 종사하고
있는 일로 잘할 수 있는 것을 하는 이, 평소 자신이 하고 싶었지만
시간이 없어 엄두를 내지 못해 유튜브를 하면서 '취미로 좋아하는
것'을 하는 이, 이도 저도 특별히 할만한 것이 없어 '무작정 시작'해
서 하는 이가 그것이다.

이 세 가지 유형 중 결국 오랜 기간 꾸준히 영상을 올리지 못하고
그만둘 확률이 가장 높은 유형이 바로 '현업'(잘할 수 있는 것)으로
유튜브를 시작한 사람이다. 자신의 분야에서 영상을 업로드할 만한

콘텐츠가 고갈되면 결국 주저앉게 된다.

하지만 좋아하는 것을 하는 사람들은 다르다. 그들에겐 '도전성'이라는 핵심 무기가 있다. 그것이 그들을 끊임없이 달리게 하고 편안한 일상을 거부하게 만든다. 축구계의 아이콘이었던 '박지성 선수'는 축구를 하기에 가장 열악한 조건인 평발이었다. 축구를 너무도 좋아했었던 그는 축구로 승부를 걸고 싶어 했고 자신의 한계를 뛰어넘는 투지와 도전정신으로 신화를 이루어냈다.

유튜브 또한 마찬가지이다. 유튜브로 단기간에 성과(상업적인 마케팅은 제외)를 만들어보고자 하는 마음은 내려놓아야 한다. 영상을 올릴 때마다 느낌이 좋은 영상이 있다. "아, 이번 영상은 정말 잘된 것 같아. 왠지 떡상할 것 같다"라고 생각된 영상도 막상 유튜브에 올리면, 나의 예감과는 어긋나게 시청자들의 반응이 나오지 않을 때가 더 많다.

필자도 아직 떡상은 경험해보진 못했다. 유명 유튜버들의 말을 빌리자면 '꾸준하게 올렸을 때 나도 예상하지 못했었던 영상이 빵 터질 때가 있다'라고 말한다.

그만큼 유튜브 시장에서 변수는 늘 생기기 마련이다. 구독자 한 명이 늘었다가 구독자 두 명이 줄었다 하는 것에 일희일비해서는 힘들어진다. 자신이 좋아하는 것을 하면서 즐길 수 있어야 한다.

유튜브로 당신의 삶을 리디자인하라

"나의 일상은 지극히 단조로운 날들의 반복이었다. 잠자고 일어나서 밥 먹고 연습, 자고 일어나서 밥 먹고 다시 연습, 어찌 보면 수행자와 같은 하루였다. 하지만 내가 알고 있는 한 어떤 분야든 정상에 오른 사람들의 삶은 공통적이게도 조금은 규칙적이고 지루한 하루의 반복이었다. 나는 경쟁하지 않았다. 단지 하루하루를 불태웠을 뿐이다. 그것도 조금 불을 붙이다 마는 것이 아니라 재까지 한 톨 남지 않도록 태우고 또 태웠다. 그런 매일 매일의 지루한 그러면서도 지독하게 치열했던 하루의 반복이 지금의 나를 만들었다"

　　-[강수진(2013), 『나는 내일을 기다리지 않는다』(인플루엔셜)] 중에서

　　발레리나 강수진의 투혼이 보이는 글이다. 좋아하는 것을 잘하는 것으로의 경지로 이르게 하기 위해서는, 한 톨의 재까지 남지 않도록 태우고 또 태우려는 반복의 시간이 절대적으로 필요하다. 그러나 많은 사람이 좋아하는 것을 잘하는 것으로 성장시키지 못하는 건 누구에게나 찾아올 수 있는 슬럼프의 한계를 이겨내지 못해서이다. 될 때까지 한다면 분명 잘하게 되어 있다.

　　'안되는 건 안 되는 것이다'라는 어리석은 논리로 자신의 약한 지구력을 합리화시키지 말자. 우리들의 강한 의지는 우리가 예전에 미처 경험해보지 못했던 그 이상의 역량을 가지고 있다. 부디 자신을 믿자.

주변의 피드백은 당신의 선택에 의해 필터링된다 ♥ ➤ …

초보 유튜버 시절, 첫 영상을 올렸을 때의 주변 반응을 지금도 잊을 수가 없다. 내가 원하지 않았던 영상에 대한 피드백을 쉴 새 없이 들었던 기억이 난다. "얼굴 근육이 지나치게 경직되어 있다." "시선이 불안해 보인다." "목소리가 작다." 등 다양한 모니터링이 나를 불편하게 했었다.

겸손한 마음에 영상에 대한 피드백을 해달라고 주변인들에게 그렇게 말은 했지만, 정작 내 안의 나는 피드백을 받아들일 만한 마음의 준비가 되어 있지 않았던 듯하다. 그래서 적지 않게 상처를 받기도 했었다.

'정말로 나라는 사람이 유튜브를 괜히 시작한 건지…'
'부족한 것투성이인 내가 과연 잘할 수 있는 건지…'
'오히려 공개적으로 망신만 당하고 수일 내에 접는 건 아닌지…'

별의별 생각들이 그때의 나를 지배했었던 것 같다. "듣기 거북할 정도로 언짢은 말을 상대가 나한테 해왔을 때 내가 그 말을 받아들이지 않는다면 그 말은 내뱉었던 상대의 것이 된다"라고 말씀 주셨던 MK대학의 김미경 대표님의 한 마디는 내 마음의 중심을 잡을 수 있는 계기가 되었다.

초보 유튜버인 여러분들에게 건네지는 피드백은 여러분들이 받기를 '거절'하면 된다. 자신의 자존감을 하락시키는 필요 이상의 말들은 결코 조언이 아니다. 관심의 단계를 넘어선 간섭이라고 볼 수 있다. 주변의 소리를 무조건 거부한다는 것이 아니다. 그것은 방종이 된다. 자신이 받아들여서 스트레스를 감내할 정도까지만 '받기'를 수락하고, 나머지는 '거절'을 선택하면 되는 것이다. 초보 유튜버들이 초기에 자신의 멘탈을 관리하지 않으면 오래 이어 가기 힘들다. 내 수강생 중 10%가 유튜버로 활동 중인데 멘탈 관리에 힘들어하는 사례가 있었다.

"악플을 감당해 내기가 힘들다."
"가벼운 마음으로 접근했다가 막상 해보니 만만치 않다."
"콘텐츠에 대한 확신이 없다."
"영상 편집에 대한 심적 부담이 간다."
"생각했던 것보다 영상 하나 만들어 올리는 것에 대한 소요 시간이 너무 많이 걸린다."

이러한 여러 이유로 유튜버가 되겠다는 마음을 단기에 내려놓는 이들이 의외로 많다. 새로운 일을 하는 데 있어서 그냥 되는 것이 있었던가? 요행을 바라는 마음은 내려놓아야 한다.

필자도 500m 달리기를 쉽게 완주하려는 마음에 요행을 바랐다가 크게 옹벽을 지른 적이 있었다. 자신이 어떠한 환경에 처해 있더라도 자신을 보호할 수 있는 든든한 백그라운드는 '나 자신이다'는 생각을 명심, 또 명심해야 한다.

크리에이터 생활을 하다 보면 내부의 적에 의해 포기하는 경우 또한 적지 않다. 외부의 적을 필터 없이 내 안에 무조건 받아들이다 보면 어느 순간 포화 상태가 되고, 결국 그것은 내부의 적을 만들게 되어 급기야 '유튜버 포기'라는 결과를 낳게 된다.

그러므로 나의 내부를 잘 단속해야 한다. 내 안의 나를 절대적인 아군으로 포섭하여 어떠한 상황에서도 내 편이 될 수 있도록 만드는 과정을 꾸준히 단련해야 한다. 이 과정을 게을리하다 보면 순식간에 내부의 적에게 점령당하게 된다. 초보 유튜버들이 6개월 이내에 그만두는 경우가 많은 것도 결국 이러한 이유가 대다수다. 무엇보다도 즐기려 하는 마음이 절대적으로 필요하다.

첫술에 배불러지려는 마음은 버리자. 오래된 된장이 더 숙성돼서 맛이 깊고 풍미가 있지 않던가? 콘텐츠를 올릴 때도 다양한 각도에서 여러 가지 방법으로 시도해서 올리면 예상치 못했던 일들이

유튜브로 당신의 삶을 리디자인하라

반드시 일어나기 마련이다.

어제보다 조금 더 나아진 오늘의 영상 그리고 오늘보다 조금 더 좋아진 내일의 영상에 의미를 두자. 그 마음만이 우리를 매력 있는 유튜버가 되도록 잡아 줄 수 있을 것이다.

관종이 돈 버는 세상임을 아는가? ♥ ↪ ⋯

'관심받고 싶어 하는 사람'을 뜻하는 '관종'은 '관심(關心)'이라는 단어와 '종자(種子)'라는 단어가 결합되어 만들어진 합성어 '관심종자(關心種子)'의 준말이다. 2010년도부터 10대 중·고등학생들 사이에서 유행한 이 단어는 주로 '관심받고 싶은 욕심 때문에 과도한 언행을 보이는' 연예인이나 SNS상의 유명인을 비하하는 용어로 사용되어왔다. 이는 관심을 끌고자 하는 누군가를 비하할 때 활용되면서 사용의 용례는 넓혀졌다. 관종남, 관종녀, 관종 배우, 관종 아나운서, 관종 국회의원, 관종 변호사를 넘어서 이제는 반려동물과 결합해 관종견, 관종냥. 그뿐만 아니라 사람들의 시선을 사로잡을 수 있는 의복이란 뜻의 관종옷, 관심을 받을 수 있는 아이템을 뜻하는 관종템 등 특정 사물을 묘사하는 단어로 활용되고도 있다.

또한 특정 유튜버들 사이에서 '자신의 상품을 의도적으로 구설에 오르게 함으로써 소비자들의 이목을 끌려는 마케팅 전략'으로 '노이즈 마케팅'을 쓰기도 했는데 이제는 '관종 마케팅'으로 불리고 있다. 게다가 세인의 주목을 받는 것이 경제적 성패의 주요 변수라는 뜻의 관심경제가 기존의 맞춤형 뉴스, 맞춤형 검색 혹은 추천 상품 알림 등을 의미하는 표현에 그쳤던 데 반해 이제는 관심만 끌면 돈을 벌 수 있고 관종이 모든 자본을 가져다줄 수 있다는 개념으로 '관종 경제'라는 이름으로 발전했다.

-[임홍택(2020), 『관종의 조건』(웨일북), 19~21쪽] 참조

관종들의 매력이 자본주의 시장의 핵심 자산으로 급부상하게 되면서 '관종'이란 뜻도 정화돼 "끊임없이 자신만의 매력을 탐구하고 이를 발산시키려고 노력한다"라는 긍정적인 의미로 사용되고 있다. 유튜버로 성공하기 위해서는 최소한으로 갖춰야 하는 요소 중 하나가 '관종'이 된 것이다. 유튜버의 매력이 돈이 되는 가장 큰 이유는 경제 패러다임의 변화 때문이다.

유능한 인재상도 시대와 경제 시스템에 따라 변화되어 왔다. 2차 산업 시대에는 '공장 노동자', 3차 산업 시대에는 '지식 노동자', 4차 산업혁명 시대인 지금은 '관종'을 보유한 사람이 경제적 패러다임의 주류를 이루고 있다. '관종'이라는 용어를 이젠 더 이상 밀어내서는 안 되는 시대가 된 것이다.

필자도 유튜버가 되기 전에는 '관종'이라는 말을 참 싫어했었다. 자기를 지나치게 드러내는 것이 때로는 상대에게 불편함을 줄 수 있다는 것을 알기에 알아도 모른 척, 있어도 없는 척, 듣고도 못 들은 척하는 것이 삶의 미덕이라고만 생각했었다.

하지만 이제는 시대적 요구가 바뀌었다. 자신을 과감하게 표현할 줄 알아야 하고, 때와 장소에 따라서 드러낼 줄 알아야 자신에게 오는 기회를 100% 활용할 수가 있다.

초보 유튜버들의 절반 정도가 보여주는 성향 중 하나가 바로 '얼굴 비공개'이다. 자기 얼굴이 공개되는 것이 불편하다면 처음에는 비공개로 진행하다가 구독자가 많아지고 영상 업로드에 대한 자신감이 생기면 그때 공개해도 된다.

"선생님, 저는 끝까지 얼굴 비공개로 가는 콘텐츠를 할 건데요. 손만 나오는 콘텐츠라서 굳이 얼굴 공개는 하지 않아도 되지 않을까요?"

한 수강생이 얼굴 비공개 콘텐츠에 관해 질문해 온 적이 있다. 물론 그래도 된다. 안 될 건 없다. 하지만 채널이 커지다 보면 시청자들은 유튜버가 어떤 사람인지 궁금해한다. 또한 그들의 일상은 어떠할지 알고 싶어 한다. 왜냐하면 유명 유튜버 정도가 되면 공인이기 때문이다.

영향력 있는 인플루언서이기에 구독자들은 유튜버와 더 직접적으로 소통하고 싶어 하고 유튜버의 일거수일투족을 공유하면서 좀 더 밀착된 커뮤니케이션을 바라게 된다. 그때쯤 돼서 얼굴을 공개

유튜브로 당신의 삶을 리디자인하라

한다면 인기도 역시 상승할 예도 많기에 '나의 얼굴은 영원히 비공개로 간다'라는 생각에서는 조금 자유로워졌으면 한다.

삶에 대해 소극적이었고 매사에 자신감 없이 생활했었던 한 유튜버가 크리에이터 활동을 하게 되면서 전혀 다른 성격의 소유자가 된 경우도 봐 왔다.

유튜버가 되면 마음먹기에 따라서 자신의 성격도 바꿔 갈 수 있는 것이다. 물론 여기에 '용기와 결단력'은 절대적으로 필요하다고 볼 수 있다. 단순히 마음먹는 것만으로는 실행 의지가 부족하다. 이게 아니면 안 된다는 간절한 마음이 있어야 가능하다.

'관종 유튜버'. 이제 우리를 지칭하는 수식어로 만들어보면 어떨까? 남들이 하는 얘기를 무조건 귀담아들을 필요가 없다. 때로는 내가 가고자 하는 삶의 방향에 장애가 될 수 있기 때문이다. 나의 실력이 출중하고 누군가에게 도움을 주고 선한 영향을 줄 만한 달란트가 내 안에 갖춰지게 된다면 세상을 향해 과감히 표출하자. 그러다 보면 나의 모습은 한층 더 성장하고 있을 것이다.

하나를 내어주면 하나를 잃게 되는 것이 아니라 오히려 둘을 채우게 된다는 인생의 묘미를 알아가게 된다. 변화된 경제적 패러다임이 요구하는 '관종 유튜버'로 자본의 흐름 속에 합류해보자.

당신 안에 있는 끼를 끄집어내라

　유튜브를 꾸준히 하다 보면 자신의 달란트를 발견하게 된다. 필자 또한 그랬다. 사전 각본 없이는 영상 촬영이 힘들 거로 생각했던 과거와 달리 지금은 한 시간짜리 실시간 스트리밍을 대본 없이 진행할 수 있게 됐다. 나에게도 상황대처 능력이 있었던 것이다. 그렇게 유튜브의 매력에 빠지다 보니 가르쳐봐야겠다고 생각하게 됐고, 그러한 열정은 짧은 시간에 결과물을 만들어 낼 수 있었다.

　유튜브를 처음 시작했던 시절에 유튜브에 대해 가르치는 강사가 된다고 생각해본 적이 없었다. 원래 나는 첫 저서인 『내 아이 자존감 수업』을 내면서 '부모 자녀를 위한 자존감 향상 프로그램' 강사가 되려던 계획이었다. 그러나 유튜브를 하게 되면서 꿈의 가지가 하나 더 늘어나게 된 셈이다.

　내가 유튜브를 시작해야겠다고 생각했을 무렵, 유튜브의 '유'자도 몰랐던 내가 기초부터 차근차근 배울만한 교육기관을 찾기가 힘들었다. 지방이라는 지역적 한계라 생각한 필자는 내가 사는 지역 사회에서 '유튜브 채널을 운영하는 유튜브 전문 강사 제1호'가 되겠다는 생각으로 하나씩 하나씩 준비해갔고, 마침내 여기까지 올 수 있었다. 지금은 개인이나 소그룹을 대상으로 유튜브 컨설팅을 하고 있고, 학교 및 관공서에서도 유튜브 제작 수업을 하고 있으며 유튜브 인플루언서 자격증 과정, 유튜브 강사 양성과정을 진행하고 있다. 이 모든 것들이 유튜브를 시작했기에 일어날 수 있는 일들이었고, 잠재된 나의 달란트를 찾은 계기가 됐다.

여러분들은 자신의 달란트를 누군가가 물어왔을 때 "이거다!"라고 자신 있게 말할 수 있는 것이 있는가? 몇몇 사람들은 알고 있으면서도 겸손하게 일부러 말하지 않은 사람들이 있는가 하면, 대다수는 자신의 달란트가 무엇인지 알지 못한다. 그것은 자신 내면의 소리에 관심 두지 않으면서 살아왔기 때문이다.

필자가 지도하는 수강생들의 연령층은 주로 중장년이다. 인생 2막을 준비해갈 수 있는 연령대이기에 나처럼 유튜브를 배우고 싶어 하는 이들에게 도움을 주고 싶었다. 자기 안에 잠자고 있는 끼, 달란트를 밖으로 끄집어내어 그것을 세상을 위해 쓸 수 있도록 기회를 만들어 주고자 함이었다.

표현하기를 좋아하는 사람들은 거침없이 자기 안의 것들을 보여주려 한다. 하지만 이것에 익숙하지 않은 사람들은 표현하는 방법을 모르기 때문에 안에 고이 놓아두는 것이 겸양이라 생각한다. 그 생각을 깨트려야만 진정한 나를 발견할 수가 있다.

유튜브가 그것을 위한 충실한 도구가 될 수 있다. 필자도 그러했고 나에게 교육받고 지금까지 꾸준하게 유튜브 채널을 운영하는 수강생들 또한 달란트를 발견하여 인생 2막의 삶을 신명 나게 살아가고 있다.

'Better late than never'[3]이라는 영어 속담이 있다. 늦었다고 생각할 때가 가장 빠를 때다, 전혀 안 하는 것보다 늦게라도 하는 것이 낫다는 의미이다. 뭔가를 시작하는 데 있어서 적절한 때란 없는 법이다. 그 시기는 내가 정하는 것이고, 내 마음이 가는 것에 따라 우선순위가 정해지는 것이다.

또 중국 속담 중에는 '불파만 지파참(不怕慢 只怕站)'이 있는데, 느림을 두려워하지 말고 멈춤을 두려워하라는 뜻이다. 아이들 뒷바라지, 남편과 부인 뒷바라지하는 데에 자신의 많은 삶을 보내왔다면 인생 후반부는 여러분 자신을 위해 과감히 투자해보자.

그리고 당신 안에 있는 끼를 끄집어내라. 당신조차도 미처 알지 못했던 것들이 상상 이상으로 많이 나올 수 있다. 아이들의 적성만 찾느라 과반수의 삶을 살아왔으니 이제는 당신 자신을 위해 후회 없이 써보는 것이다.

---

3   It's better to do something late than to never do it at all의 줄임말

유튜브를 하다 보면 당신의 끼를 찾을 수 있게 된다. 단 '꾸준히'라는 요소가 반드시 들어갔을 때이다. 그것을 발견하게 되면 종일 휴대전화로 작업하느라 편집 삼매경에 빠지게 될 날이 많아지게 된다.

"편집에 대한 두려움 때문에 유튜브 시작하기가 겁난다"라고 말하던 수강생분도 계셨다. 걱정할 필요 없다. 편집은 유튜브의 옵션일 뿐이다. 편집 없이 순수하게 그대로 올리면서도 1만 이상의 구독자를 보유하고 있는 채널도 많다.

유튜버가 되려면 영상 편집도 잘해야 한다는 선입견은 버리는 것이 좋다. 과장되게 꾸미지 않고 진정성을 보이며 '나다운 나'로 살아가기 위한 열정을 보일 수만 있으면 중장년 유튜버가 갖춰야 할 요건은 충족된 것이다.

들리는가?

당신 안에서 꿈틀거리고 있는 끼의 움직임 소리가?

나오게 하라, 바깥세상으로!

취미에 3년만 투자하라

'당구풍월(當狗風月)'이라는 고사성어가 있다. 서당에서 3년간 살면서 매일 글 읽는 소리를 듣다 보면 개조차도 글자를 읽을 줄 알게 된다는 뜻이다. 이는 곧 무슨 일이든 오래 보고 들으면 일정 수준의 지식과 경험을 갖게 됨을 비유적으로 이르는 말이다. 취미활동에 3년만 투자해보라! 당신은 그 분야에서 전문가가 될 수 있다.

평균수명이 늘어나게 되면서 '평생직장'이라는 개념이 사라졌다는 건 누구나가 인지하고 있는 사실이다. 두 가지 이상의 직업군을 가지며 살아가고 있는 'N잡러'들이 사회구조의 패러다임이 되어가고 있다.

평소에 너무 배워보고 싶었던 것이 있었거나 시간이 나질 않아서 늘 마음속에만 간직하고 있었던 취미활동이 있다면 이젠 과감하게 그것을 위해 시간을 할애해보라. "하고는 싶은데 시간이 없어서 못하고 있다"라는 말은 변명에 지나지 않는다. 실현하고자 하는 의지와 간절함이 없었기 때문에 늘 우선순위에서 미뤄왔던 것이다.

필자가 유튜브 전문 강사가 될 수 있었던 것은 평소 휴대전화 만지는 것을 좋아하거나 컴퓨터 활용하는 능력이 탁월해서도 아니다.

유튜브로 당신의 삶을 리디자인하라

단지 '유튜브를 하지 않으면 시대적 흐름에서 도태되어 갈 것 같다. 유튜브를 활용하여 인생 2막을 새롭게 준비해 가보자'라는 야심 찬 의지에서 시작된 것이다. 유튜브 세계에 빠져들다 보니 비전을 보게 되었고, 그것을 많은 사람과 나누고 싶어서 유튜브 강사로까지 오게 된 것이다.

실제로 나의 채널을 운영해보면서 경험한 노하우가 만만치 않다 보니 현장에서 들려줄 수 있는 것들이 많았다. 내가 수강생들의 내면에 잠재되어 있었던 꿈과 바램을 발견하고 세상 밖으로 끄집어낼 수 있도록 촉매제 역할을 하다 보니 그 모습이 수강생들에겐 진정성 있게 다가가고 있는 듯하다.

MK대학의 김미경 대표는 "한 분야에서 3년만 투자하면 전문가가 될 수 있다"라고 했고, 단희TV의 단희쌤은 "한 분야에 관련된 책을 50권 이상 섭렵하면 전문가가 될 수 있다"고 했다.

나는 그들의 말을 적극적으로 수용하였고 지금의 자리까지 오는데는 3년이 채 걸리지 않았다. 주변 지인들은 "대단하다"라는 말로 나를 평가했지만, 잠자는 시간 줄이고 하루 24시간을 철저하게 관리하며 생활해왔던 날들의 결과물이라 해도 과언이 아니다. 얼마든지 좋아하는 취미활동을 전문업으로까지 끌어 올릴 수 있다.

급변하는 사회의 흐름 속에서 시간을 즐기기 위해서는 한 가지 분야에만 올인해서는 안 된다. 이제는 멀티가 되어야 한다. "취미는 단지 좋아하는 취미일 뿐이고, 취미가 특기가 될 수는 없다. 그러한 경우는 극히 희박하다"라고 말하는 사람들의 이야기는 적당히 패스하면 된다.

취미가 특기로 될 때까지 노력해 보았는가? 안되면 될 때까지 해보는 거다. 그런 의미에서 『뜨겁게 나를 응원한다』다는 책에 소개된 글 한 편을 공유해본다.

"어떻게 올라갔습니까?"

세계 최초로 에베레스트 산을 등정한 에드먼드 힐러리 경에게 물었더니 이렇게 답했다. "한 발 한 발 걸어서 올라갔지요. 진정으로 바라는 사람은 이룰 때까지 합니다. 안된다고 좌절하지 않습니다. 안 되면 방법을 달리합니다. 방법을 달리해도 안 될 때는 그 원인을 분석합니다. 분석해도 안 될 때는 연구합니다. 이쯤 되면 운명이 손을 들어주기 시작합니다."

-[조성희(2021), 『뜨겁게 나를 응원한다』(생각지도)] 중에서

바로 이거다. 운명이 손을 들어줄 때까지 해 보면 되는 거다. 나를 행복하게 해주었던 취미가 어느 순간 나의 자산이 되어줄 것이다.

유튜브로 당신의 삶을 리디자인하라

퍼스널 브랜딩이 필요한 이유

우리나라를 비롯한 세계 경제가 자본과 노동 중심의 산업경제에서 지식과 기술을 중심으로 하는 창조경제로 변화되면서 IT, 디자인, 콘텐츠 분야의 1인 창업이 급속하게 증가했다. 2011년 10월에 '1인 창조기업 육성법'이 본격적으로 시행되면서 스티브 잡스(Steve Jobs)의 '애플'이나 마크 저커버그(Mark Zuckerberg)의 '트위터' 등과 같은 창의적인 인물과 기업을 배출하는 발판이 될 1인 창조기업이 증가하면서 본격적인 1인 창조기업 시대가 열렸다. '1인 창조기업'은 주로 지식서비스 분야에서 독특한 아이디어를 갖고 있는 개인이 창업을 통해 매출, 이익을 창출하는 경우를 1인 창조기업이라고 부른다. 성공적인 1인 창조기업으로 평가받고 있는 '지니비니'의 이진경 대표는 "실력 있는 인재와 창의적인 아이디어가 결합해 경쟁력 있는 산업을 만들어 가는 구심점을 이루는 셀 형태의 핵심 기업이라며 1인 창조기업의 '1인'은 숫자로서 한 명을 의미하는 것이 아니라 핵심 인재를 의미하는 것"이라고 말했다. 중소기업청의 한 관계자는 "미국의 경우 직장인의 50% 이상이 초소형 기업으로 전환되는 추세"라며 "우리나라도 IT, 디자인, 콘텐츠 분야의 1인 창업이 급속히 늘고 있다"고 전했다.

-"성공한 1인기업 10人에게 듣다", <아시아 경제>, 2011. 10. 25. 참고

전문지식과 기술을 기반으로 한 1인 창조기업은 최근 청년실업과 고령화로 인한 일자리 문제를 해결하고, 중소 규모의 알짜배기 기업 위주의 탄탄한 경제구조를 형성하는 데 기여할 수 있을 것이라는 낙관적인 전망 속에서 꾸준한 관심을 끌고 있다. 1인 창조기업의 내됴는 성생력이 있어야 하고 사산 가치를 올리려면 '퍼스널 브랜딩'이 절대적으로 필요하게 되었다.

삶에 대한 배움과 투자에는 끝이 없다고 본다. 그것은 마치 '마라톤'과 같다. 과한 욕심으로 초반에 열정이 지나치면 장거리를 소화해낼 수 없다. 자신의 페이스를 고려하면서 충분히 호흡을 조절할 수 있는 여유를 가져야 한다.

자신의 24시간을 숨 쉴 틈 없이 빠듯하게 일정을 짜면 위험하다. 외부로부터 2시간이라는 Input의 시간을 가졌다면, 혼자만의 시간을 통해 그것을 온전히 내 것으로 만들 수 있는 Output의 시간을 가져야 한다. 이러한 과정이 반복되다 보면 어느덧 나 자신도 매일매일 성장해가고 있음을 발견할 수 있을 것이다.

나의 언행, 미소, 태도, 철학, 심지어 걷는 발걸음까지 나의 브랜드가 된다는 걸 명심해야 한다. 머리끝에서 발끝까지 섬세하게 챙기려는 마음 씀이 필요하다. 필자는 초보 유튜버 강사 시절에 뼛속까지 강사가 되기 위해 무진장 마음 썼던 기억이 난다. 눈 감고 있는 시간을 제외하고는 끊임없이 나 자신에게 세뇌를 시켰다.

"나는 당당한 강사이기에 늘 어깨를 꼿꼿이 펴고 걷는다."

"나는 집 앞에 있는 마트를 갈 때도 스타일에 신경 쓰고 간다."

"나는 인기 있는 강사이므로 세상에서 가장 쉬운 방법으로 중
장년층들에게 유튜브를 가르친다."

"나의 교육을 받은 수강생들은 유튜브로 인해 비전을 보게 된
다."

이러한 자기 확언을 수시로 나에게 보냈다. 그 결과 나의 내면을
채우게 되면서 내적·외적으로 충실해지고 내가 원하는 방향대로 퍼
스널 브랜딩이 되어갔다.

유튜버가 갖춰야 하는 기본 요소는 '낙천적 마인드'이다

♥ ➤ ···

"성공한 사람이 지닌 삶의 특별한 비결은? '모든 일을 낙천적으로 생
각한다는 것'이다. 오늘부터 당신도 그렇게 하라. 오늘부터 자신의 결점
에 집착하거나 낙심하지 말고 그 사실을 있는 그대로 인정하라. 오늘부
터 문제를 지나치게 심각하게 받아들이는 것을 거부하라. 오늘부터 꾸
준히 유머 감각을 기르고, 날마다 긴장을 풀어야 할 때 웃을 거리를 찾아
라. 오늘부터 더욱 유쾌한 태도로 친구를 대하려고 노력하라. 오늘부터
유머를 문제 해결의 도우미로 이용하라."

-[나폴레온 힐, 민승남 엮음(2015),
『놓치고 싶지 않은 나의 꿈 나의 인생2』(국일미디어)] 중에서

유튜브 크리에이터로 활동하다 보면 예기치 못했던 일들을 많이
접하게 된다. 가장 대표적인 것이 영상에 대한 악플이다. 그 댓글을
다는 사람들은 나를 평소에 알고 있었던 지인일 수 있고, 불특정 다
수의 타인일 수도 있다. 고의적인 악의를 품고 악플을 다는 사람이
있는가 하면, 나를 좀 더 긍정적으로 바라보고 한 번 더 확인해보라
는 의미에서 악플을 달아주는 사람도 있다.

하지만 후자의 경우는 극히 드물다. 글 속에서는 상대의 의도가 느껴지기 때문이다. 이 글을 쓰는 사람의 에너지가 느껴지기에 악플은 그 자체만으로도 가슴 아프게 다가오게 된다. 악플이 주는 고통때문에 일상생활에 지장 됨을 느낀다고 했을 때는 악플을 차단하거나 숨김 기능을 설정할 수 있다. 그렇게 되면 내 채널 지수에 적잖은 영향을 미치지만, 그것이 최선의 방법이라면 그리할 수도 있다.

여기서 우리는 꼭 챙겨야 하는 것이 있다. 바로 '악플을 어떻게 볼 것이냐?'이다. 악플 그 자체로만 본다면 어리석은 일이다. 우리는 악플러의 의도를 관망해야 한다. '악플을 왜 그렇게 달았을까?'를 고민해봐야 한다. 분명 그 안에는 나를 좀 더 성장시키기 위한 행운의 열쇠가 들어있음을 우리는 인식해야 한다. 나를 힘들게 하고 기분 나쁘게 했다는 이유만으로 악플을 차단하거나 삭제하고, 숨김 기능으로 감춰버리면 내 본연의 이야기는 잠시 가려질 수는 있겠으나 제2, 제3의 악플러는 언제든 또 나오게 되어 있다.

결국 문제의 반복이 될 수 있다는 것이다. 악플의 근원을 파악하고, 글을 남기는 사람의 의도가 확인되었다면 그것을 긍정적으로 수용하여 앞으로는 좀 더 나아지도록 개선하겠다는 의지가 담긴 답글을 반드시 남겨야 한다. 유튜브는 시청자와의 '소통'을 중요하게 생각하는 플랫폼이기 때문이다.

악플에 대한 답글을 남기는 것이 나를 굽히는 비겁한 행동으로 생각된다면 관점을 바꿔야 한다. 그것은 절대로 비겁한 행동이 아니다. 내가 몰랐던 나의 부분을 겸허히 받아들이는 것이고, 더 발전된 방향으로 나아가기 위한 필요 관문이라고 생각해야 한다.

습관적으로 악플이 많이 달린다면 내 채널의 방향성과 크리에이터 나 자신의 생활상을 진지하게 들여다보고 고민해야 한다. 모든 것에는 다 이유가 있기 때문이다. 내 앞에 벌어지는 일들을 낙관적으로 바라보고 반드시 해결한다는 의지를 다져야 한다. 모든 사건 사고에는 원인이 있기 마련이고, 그것을 해결하기 위한 솔루션 또한 반드시 있기 마련이다.

유튜버 중에 악플에 대한 스트레스를 이겨내지 못해 그만두는 유튜버들도 꽤 많다. 시청자가 주는 경고의 소리를 우리는 진지하게 경청할 수 있어야 한다. 그것으로 인해 나에겐 반드시 '성장'이라는 열매가 올 수 있다는 것을 기억하며 겸허하게 받아들일 수 있는 멘탈을 갖자. 이 또한 하루아침에 뚝딱 만들어지는 것이 아니다. 평소에 낙천적인 마인드를 늘 가까이하고 웃을 수 있는 거리를 많이 찾아보는 것이 중요하다.

자신에게 '유머'라는 달란트가 있는 사람은 축복받은 사람이다. 유머는 사람과의 관계 속에서 중요한 도구가 된다. 때와 장소를 가리지 않고 유머러스한 사람은 '철이 없다'라고 평가받지만, 적절히 가려서 사용하는 사람은 지성이 높은 사람으로 인정받는다. 혹자는 유머를 배우기 위해 시간과 경제적 투자를 과감히 하는 이도 있다.

유튜브로 당신의 삶을 리디자인하라

"행복해서 웃는 것이 아니고, 웃다 보니 행복해졌다"라는 말이 있지 않던가? 웃을 일을 찾다 보면 정말 웃어지는 것이고 행복할 일을 찾다 보면 어느 순간 나의 일상이 충만해짐을 느끼게 될 것이다.

모든 일을 낙천적으로 바라보는 자세를 갖는 것도 하나의 습관이다. 습관적으로 남을 칭찬하고 나 자신에게도 칭찬해보자. 칭찬은 고래도 춤추게 하는 힘이 있어서 나와 이웃을 행복하게 만드는 마력을 가지고 있다.

모든 매듭은 풀릴 수 있는 해답이 반드시 있기에 낙천적인 마인드를 늘 곁에 두자. 그러다 보면 진정 유튜버로서 즐길 수 있는 날이 온다고 감히 확신한다.

'시작한다는 것'이 중요하다

'나도 유튜브를 한번 해보고 싶다'라는 새로운 비전이 생겼을 때 마음속에서 동요되는 이성의 힘에 호응하지 못하고, '이걸 과연 내가 할 수 있을까?' '사람들이 나를 어떻게 볼까?' 마냥 걱정만 하다가 시작조차 못 하는 사람들을 많이 봐왔다. 심지어는 필자한테 유튜브를 배우러 온 순간에도 갈피를 못 잡아서 내가 손잡아 주기만을 바라는 분들도 있었다. 시작할 수 있는 행동력에 대한 '용기'라는 마중물이 제힘을 발휘하지 못하는 건 시작에 대한 '두려움'과 '걱정' 때문이다. 『걱정이 취미세요?』(2021)의 저자이자 멘탈 관리 분야의 세계적 베스트셀러 작가 세라 나이트(Sarah Knight)는 '유리멘탈의 붕괴 과정'을 이렇게 표현했다.

아무 행동도 안 함

↓

멘붕

우리는 위와 같은 순서를 반복하며 필요 이상의 두려움과 걱정으로 주변과 자신을 괴롭히게 된다. 결국 우리의 시간과 에너지 그리고 돈까지 소모하게 만든다. 세라 나이트 작가는 이러한 걱정의 굴레에서 탈출하기 위한 해결책으로 "내가 이것을 통제할 수 있는가?"라는 절대 질문을 제시한다. 이것은 내 마음속의 문제가 정말 지금 걱정할 가치가 있는지 그리고 내가 그 해결을 위해 무엇을 할 수 있는지에 대한 판단기준이 된다.

참 재미있는 사실은, 평소 우리가 하는 97% 정도의 걱정이 '실제로 일어나지 않을 일에 대한 걱정'에 집착하며 산다는 것이다. 우리의 걱정거리가 통제할 수 있는 것이라면 이젠 더 이상 길게 걱정하지 않아도 된다. 이미 일어난 일은 깔끔하게 인정하고 잘못된 부분에 대한 반성은 철저하게 하자. 그리고 자신이 통제할 수 없는 것은 쿨하게 받아들이고 오로지 통제할 수 있는 것에만 집중하자. 망설이고 미적대며 생각만 하는 순간 우리에게 주어진 귀한 시간은 눈

깜짝할 사이에 지나가게 된다.

　나의 꿈을 방해하는 지나친 걱정을 잘 관리하는 방법으로 일단 시작부터 하고 보려는 마음가짐이 때론 약이 될 수 있다. 막연하고 박막하기만 했던 것늘이 시작하고 보면 길이 보이고 없던 길도 만들어지기 때문이다.

　필자도 그랬다. 내 유튜브 채널을 운영하게 되면서 유튜브의 비전을 보게 되었고, 이것을 누군가와 함께 공유해야 한다는 생각이 앞서다 보니 가르치는 강사까지 하게 되었다. 핵심은 일단 시작했다는 것이다.

　자, 여러분들도 준비되었는가?

　기계와 전혀 친하지 않았고 인터넷, 스마트폰과 가까이 지내지 않았던 내가 유튜브를 하고 있다. 여러분도 충분히 가능하다. 나도 했으니 여러분들은 더 잘할 수 있다. 이것저것 따지지 말고 시작하고 보자. 그것이 답이다.

당신의 브랜드 가치를 올려라

나의 브랜드 가치를 올릴 방법으로 두 가지를 꼽는다면, '유튜브 크리에이터' 되는 것과 '자신의 책을 출판하는 것'이다. 필자는 이 두 가지를 통하여 눈에 띈 결과물을 이뤄낼 수 있었고 지금도 계속 성장하고 있다.

유튜브 크리에이터는 특별한 사람만 되는 것, 말 잘하는 사람에게 유리한 것, 콘텐츠가 있는 사람만 할 수 있는 것, IT와 친하지 않은 사람은 불리한 것 등 여러 말들이 있지만 그건 단지 루머일 뿐이다. 삶에 대한 '열정'과 자신이 살아온 일들에 대한 소중한 이야기들을 이웃과 나누고 싶은 '사랑'만 있다면 유튜브 크리에이터로서의 필요충분조건은 갖추어져 있는 것이다.

필자에게 유튜버가 되면서 변화된 게 있다면 충실한 삶을 살아가기 위한 좋은 습관 8가지를 장착하게 되었고, 그로 인해 건강한 자존감을 확립할 수 있게 되었다는 것이다. 이제는 어딜 다니면 조안 아카데미 '조안쌤'이 아니냐고 알아보는 사람이 생겼다. 남편 친구의 자녀들은 가족 모임에서 나를 만나면 "연예인 이모야 왔다"라며 반긴다.

지방에서 생활하고 있는 내가 유튜버가 아니었으면 감히 들을 수 있는 말이었겠는가? 때와 장소에 따라서 나에게 있는 재능(유튜브 제작, 관리 기술, 영상 편집 기술)을 무료로 나눌 수도 있으니 이 얼마나 행복한 일인가?

또한 책을 출간하게 되면서 나 스스로 업그레이드가 많이 될 수 있었다. 오래전에는 문단에 등단한 사람만이 책을 낼 수 있었지만, 지금은 1인기업 시대가 도래하면서 자기 분야에 대한 전문성만 갖추고 있으면 누구든지 실용서를 낼 수 있게 되었다. 책을 쓴 작가가 되면 네이버에 인물등록을 할 수 있는 조건까지 갖추게 되니 자신의 브랜드 가치는 자동으로 올라갈 수밖에 없다. 책을 쓰는 것도 '책 쓰기 코칭' 전문가의 도움을 받기만 하면 친절하고 상세하게 안내해준다. 중요한 건 간절한 마음이다.

'내가 과연 할 수 있을까?'라는 생각으로 의심하고 걱정하지 말자. 해보지도 않고 걱정부터 하는 어리석은 태도는 과감히 버리자. 필자는 책 쓰기 코칭과 1인 지식창업을 하기 위해 약 네 달간을 서울에 다녀왔었다. 주 1회 또는 2회 다녀오기를 기존의 일을 하면서 병행한다는 것이 쉽진 않았다. 새벽 5시 37분 첫 KTX를 타고 교육을 받은 후 마지막 기차를 타고 오면 자정을 넘기도 했다.

지탱할 수 있는 체력의 한계가 느껴질 때면 내 안에 용솟음치고 있는 꿈을 상기했었다. 그 어떤 환경의 요인들이 내 뜻과 나의 비전

유튜브로 당신의 삶을 리디자인하라

을 방해할 수는 없었다.

그렇게 책을 출간하고 나니 작가라는 직업이 하나 더 생겼다. 이제는 "강사님"이라는 호칭보다 "작가님"이라는 호칭으로 불릴 때 기분이 더 흐뭇하다. 벌써 네 번째 저서로 지금의 책을 써 내려 가고 있다. 이 책은 현장에서 겪었던 노하우들을 집대성하여 중장년 유튜브 새내기들이 쉽게 보고 이해하며 따라 할 수 있도록 나의 열정에 집중하고 있다.

자신의 브랜드 가치를 올릴 방법으로 그 밖에 여러 가지가 있을 테다. 그러나 중요한 건 '내 마음에서 얼마만큼 끌어당기느냐?'이다. 아무리 많은 사람이 선호한다고 해도 정작 내 마음 안에서 울림이 일어나지 않는다면 빛 좋은 개살구에 불과하다. 당신의 브랜드 가치를 올리기 위해 지금 당장 당신이 할 수 있는 일은 무엇인가?

- 본문의 이해를 돕기 위해 "동영상 참고편"(325p)의 설명 동영상 QR코드를 참고해 주세요. 그래도 이해가 힘들다면 해당 설명 유튜브 댓글창에 질문을 남겨주세요!
- 업데이트되는 내용은 주기적으로 유튜브에 업로드됩니다. '재생목록 → 유튜브 크리 에이터과정' 목록을 시청해주세요!

제2장

이 정도는 알아야
진정한 유튜버다

유튜브 입문편

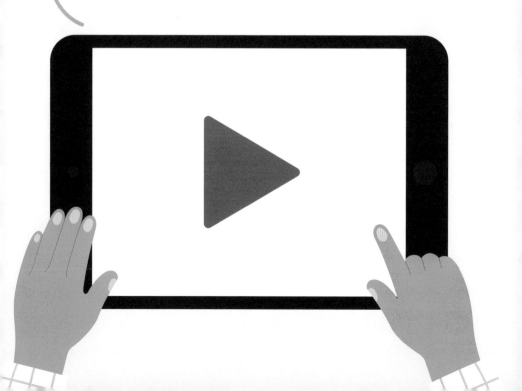

일반채널 vs
브랜드 채널에 대한 이해

유튜브 계정은 본인 계정과 비즈니스 관리 계정이 있다. 비즈니스 관리 계정으로 구글 계정을 만들면 구글 비즈니스로 등록할 수 있는 이점이 있다. 이 두 계정은 각각 기본(일반)채널을 만들 수 있고 그 하위조직으로 브랜드 채널을 만들 수 있다.

기본(일반)채널을 만들게 되면 채널명을 90일 간격으로 3회 변경할 수 있고, 타인과 협업해서 채널을 관리하게 되면 자신의 ID와 비밀번호를 공유해야 하기에 개인정보가 노출될 수 있는 위험이 있게된다. 그러나 브랜드 채널을 만들게 되면 '관리자 추가 기능'이 있어서 각자의 ID와 비밀번호로 운용이 가능하다. 개인정보 노출의 위험 부담은 덜 수 있으며 채널명도 수시로 바꿀 수 있게 된다. 브랜드 채널은 기본(일반)채널의 하위 카테고리의 개념으로 하나의 일반채널당 브랜드 채널은 200개까지 만들 수 있다.

자신의 기본(일반)채널을 운영하다가 확장의 필요성을 느끼게 되면 그때 기본(일반)채널에서 브랜드 채널로 채널 이전도 가능하니 편안하게 운영해보기를 제안한다.

이미 유튜브를 운영하는 초보 유튜버 중에도 자신의 채널이 브랜

유튜브로 당신의 삶을 리디자인하라

드 채널인지, 기본(일반)채널인지 궁금할 수 있을 것이다. 간단하게 자신의 채널 종류에 대해 확인할 수 있는 방법을 소개한다.

❶ 채널홈으로 접속해 '설정'을 클릭한다.

❷ 설정 하단 카테고리에 있는 '계정'을 클릭하면 내 계정을 확인할 수 있다. 계정 화면에서 '관리자 추가 또는 삭제'라는 메시지가 있으면 그 채널은 '브랜드 채널'이라고 보면 된다.

채널명 만드는 데에도 요령이 있다   ♥   ↗   …

    채널명을 짓는 데도 전략이 필요하다. 막연하게 의미 없는 이름으로 채널명을 만들어서 진행하는 것보다는 좀 더 체계적으로 자신의 채널명에 대해 고민하고, 논리적인 부분을 적용하여 접목한다면 꽤 괜찮은 채널명을 만들 수 있을 것이다. 나만의 채널명을 짓기 위한 몇 가지 팁을 소개해보기로 한다.

▷▷ 첫째, 채널명과 주제의 연관성을 갖게 한다.

    자신이 하고자 하는 콘텐츠 방향이 정해졌다면 채널명을 짓는 게 훨씬 용이하다. 필자는 유튜브와 자존감에 관련된 교육을 진행하고 있기에 '아카데미'라는 이름을 사용하였다. 어떤 제품이나 물건을 구매하고 사용 후기를 올리는 채널이라면 ○○리뷰, 어떤 연구나 실험을 하는 채널이라면 ●●랩이라고 채널명을 지을 수 있다. 그러면 시청자들에게 채널명과 채널의 콘텐츠를 연상할 수 있게끔 도와줌으로써 구독자가 쉽게 기억할 수 있게 한다.

▷▷ 둘째, 기억이 가능한 글자수는 7글자로 한 호흡에 발음할 수 있

                       유튜브로 당신의 삶을 리디자인하라

는 게 좋다.

MIT와 하버드대 교수로 지냈던 조지 밀러(George A. Miller) 박사의 논문에서도 발표된 바가 있는데, 일곱 글자가 넘으면 사람들이 하나의 단어를 기억해내기가 어렵다고 했다. 지역번호를 뺀 전화번호나 자동차 번호가 일곱 글자를 오랜 기간 유지했던 것도 이와 같은 논리에서 가져온 것이다.

▶▶ **셋째, 정해진 자신의 채널명을 유튜브 검색창에서 검색해봄으로써 동일 이름의 유무를 확인한다.**

기존에 누군가 동일한 채널명을 사용하고 있다면 그 이름을 피하는 게 좋다. 채널명은 유일무이한 것이자 자신의 채널을 차별화할 수 있어야 한다. 또한 기존에 먼저 사용하고 있었던 크리에이터에게 보여야 하는 최소한의 예의이기도 하다.

기존 채널명의 유무를 확인하는 방법은 다음 페이지와 같다.

❶ 유튜브 검색창에서 사용하고 싶은 채널명을 입력한다.

❷ 동일명의 채널이 있을 경우 아래 이미지처럼 보여진다.

채널 아트에 대한 이해

　"채널 아트"는 배너 이미지라고도 하며 내 채널의 대문과 같은 역할을 한다고 볼 수 있다. 유튜브 피드에 올라오는 나의 영상을 불특정 다수의 시청자가 시청한 후 내 채널의 다른 영상이 더 보고 싶어지면 채널 아이콘을 눌러서 내 채널 홈으로 들어오게 된다. 그때 그들에게 보여지는 첫 홈 화면의 모습이 바로 채널 아트이다.

　채널 아트에는 내 채널 콘텐츠의 색깔이 묻어있어야 한다. 채널 명에서 그 의미를 충분히 녹여내지 못했다면 위의 예시처럼 #(해시

태그) 기능을 적용해서 채널의 키워드를 입력해도 좋다. 단, 채널 아트 내에 적혀있는 키워드는 유튜브 AI 검색어에 노출되는 건 아니다. 시청자들에게 내 채널의 정체성을 알리는 용도까지만 활용된다. 채널의 전체 키워드를 입력하는 방법은 후반부에 안내하고자 한다.

채널 아트에 넣을 수 있는 추가 기능은 자신이 운영하는 다른 'SNS 링크를 연동'시킬 수 있다는 것이다. 이것은 모바일에서는 지원하지 않고 PC를 통해서만 지원이 가능하다. 유튜브에서 제공해주는 기능들은 빠트리지 않고 활용하는 것이 중요하다. 이는 내 채널을 좀 더 단단히 성장시킬 수 있는 요소들이 되기 때문이다.

유튜브로 당신의 삶을 리디자인하라

썸네일에 대한 이해

    썸네일(Thumbnail)은 '엄지손톱'이라는 뜻으로 인터넷에서 작은 크기의 본보기 이미지를 가리키며 '맞춤 미리보기 이미지'라는 말로 표현하기도 한다. 다시 말해 영상의 표지와 같은 역할을 함으로써 영상의 하이라이트 부분을 통해 영상의 내용을 예측할 수 있게 한다.

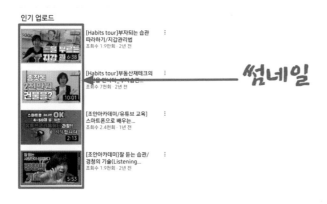

    썸네일이 유튜브 피드에 노출되는 시간은 2~3초에 해당한다. 불특정 다수의 시청자에게 내 영상을 클릭할 수 있게 하려면 썸네일을 잘 만들어야 한다. 시청자들의 호기심과 궁금증을 유발하기 위한 썸네일은 어떻게 만들어야 할까?

▷▷ 첫째, 썸네일에 사용되는 사진은 잘 선별해야 한다.

영상 내용 중에서 마음에 드는 부분을 캡처해서 사용해도 되지만 필자는 되도록 썸네일 사진은 따로 촬영하기를 추천한다. 썸네일 사진이 영상의 전체적인 느낌을 예측할 수 있게 하기도 한다. 조금은 과장된 액션이 들어가면 썸네일 제목을 좀 더 효과적으로 전달할 수 있게 된다.

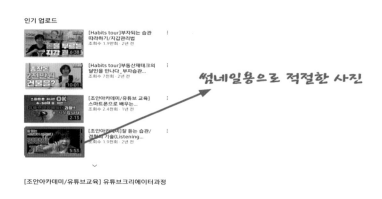

[조안아카데미/유튜브교육] 유튜브크리에이터과정

위의 사진처럼 귀 기울이는 액션이 '경청의 기술'이라는 단어를 좀 더 생생하게 전달하는 효과를 보인다.

▷▷ 둘째, 썸네일 제목에 '~하는 방법(How to)', 숫자를 사용하게 되면 시청자들의 클릭 욕구를 더 증가시킨다.

유튜브로 당신의 삶을 리디자인하라

예) '부자가 될 수 있는 특급 비법' '성공하는 사람들의 7가지 습관' 등.

▷▷ 셋째, 썸네일의 글자는 크고 진하게 적는다.

유튜브 피드에서 보이는 시간이 극히 짧기 때문에 글자가 크고 진해야만 한눈에 읽을 수가 있다. 썸네일 사진이 밝은색이면 진한 색 폰트를 사용하고, 썸네일 사진이 어두우면 밝은 폰트를 사용하면서 폰트 윤곽선 효과를 주는 것도 좋다.

▷▷ 넷째, 우측 하단에는 영상의 시간에 해당하는 숫자가 게시되기 때문에 썸네일 텍스트의 위치를 잘 고려해서 적는다.

썸네일 안에 적는 제목은 유튜브 AI에 검색되지 않는다. 썸네일 제목은 시청자들을 후킹(시청자들의 마음을 사로잡아서 끌어당긴다는 의미) 하는 용도로만 사용되며, 썸네일 제목과 설명란에 적는 제목이 달라도 무방하다.

저작권법에 대한 이해

저작권(著作權)이란 저작자의 권리와 이에 인접한 권리를 보호하기 위하여 만든 법률로 어문, 문학, 미술, 건축, 사진, 영상, 도형, 컴퓨터프로그램 저작물 등이 이에 속한다. 다시 말해 창작자에게 그것을 보호하고자 하는 권한을 주는 것을 뜻한다. 내가 직접 만들지 않은 것에 대해서 함부로 도용해선 안 되지만 원저작물의 시장수요를 대체하지 않는 정도에 한해서는 인용할 수 있게 해준 법이 있다. 「저작권법」 제28조가 그것이다. 모든 창작자는 공정이용의 원칙을 준수하는 방향으로 사용해야 하며 그 예시는 다음과 같다.

▷▷ **첫째, 사적 이용을 위한 복제는 허용된다.** (「저작권법」 30조)

개인적으로 이용하거나 가정 및 이에 준하는 한정된 범위 안에서 이용하는 경우를 말한다.

▷▷ **둘째, 학교 교육 목적 등에의 이용 시 허용된다.** (「저작권법」 25조)

그 외 시사 보도를 위한 이용, 영리를 목적으로 하지 아니하는 공연이나 방송 등의 목적으로 저작물을 제한적으로 인용하는 경우를 말한다.

▶▶ **셋째, 2차적저작물은 허용된다.** (「저작권법」 제5조)

원저작물을 번역, 편곡, 변형, 각색, 영상 제작 그 밖의 방법으로 작성한 창작물은 독자적인 저작물로서 보호된다. 2차적저작물의 보호는 그 원저작자의 권리에 영향을 미치지 아니한다.

저작권의 법률을 상담하는 기관이 다수 있다. 한국저작권위원회, 한국문예학술저작권협회, 한국음악저작권협회(저작물 검색), 한국소프트웨어저작권협회, 한국저작권보호원, 한국복제전송저작권협회 등이 있다. 한국저작권위원회는 정부에서 운영하는 기관이고 나머지는 민간단체이다.

통상적으로 대중음악 같은 경우엔 30초 정도는 사용 가능하다고 알려졌지만 때에 따라서 10초만 사용해도 유튜브 업로드 시 '저작권 침해 신고'라는 메시지가 뜨는 경우가 있다. 그 저작권을 가지고 있는 저작자의 역량이기에 업로드된 동영상은 삭제하고, 편집 툴에서 제공한 음악을 사용하거나 유튜브 '오디오 보관함'에서 제공하는 음악을 사용하길 권한다.

대다수 유튜버에게 적용되는 단계는 채널에 악영향을 미치지 않는 1단계에 해당한다. 굳이 그 음악을 써야 하는 이유가 있는 영상이라면 그 영상에 대한 광고 수익 활동(유튜브 파트너로 활동하기 위한 기본조건을 충족시켰을시)만 포기하면 된다. 필자에게도 수강생들에게 교육용으로 활용할 목적으로 몇 개의 그런 영상이 있긴 하다.

　"이 노래를 써도 되는지, 쓰면 안 되는지는 어떻게 알 수 있나요?"라고 묻는다면, 일단은 비공개로 유튜브에 업로드하면 유튜브 AI가 친절하게 알려준다. 저작권 침해사항이 있으면 업로드한 영상은 삭제 후 재업로드하는 게 좋다.

● ● ● 저작권 침해 확인 방법

❶ 유튜브 내 채널 → 동영상 관리 클릭

❷ 제한사항에 '저작권 침해 신고' 메시지 확인

❸ '저작권 침해 신고' 글자 옆에 마우스 → '세부정보 보기' 클릭

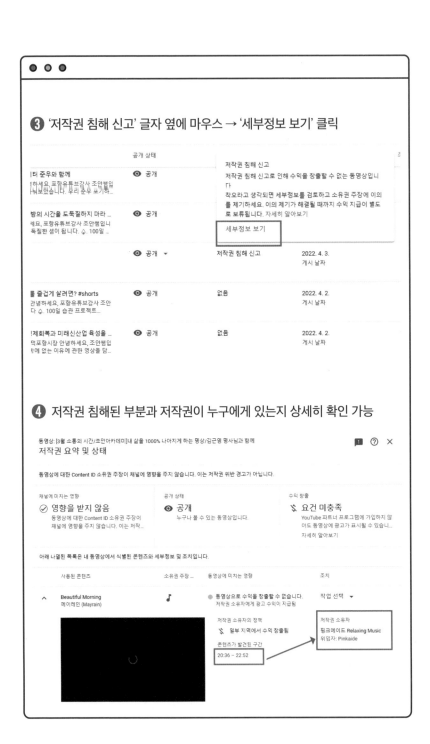

❹ 저작권 침해된 부분과 저작권이 누구에게 있는지 상세히 확인 가능

유튜브로 당신의 삶을 리디자인하라

키워드에 대한 이해

　'키워드(Keyword)'란 시청자의 유입을 끌어내는 핵심 단어를 뜻한다. 즉, 시청자가 데이터를 검색할 때 사용하는 단어나 기호, 이미지, 비디오 등을 일컫는다. 시청자의 유입을 끌어내기 위해 브랜드나 제품 및 서비스를 잘 표현해주는 것뿐만 아니라 타깃 시청자들이 주로 사용하는 높은 검색량의 키워드보다는 비교적 경쟁이 낮은 단어나 문구의 키워드를 찾아내는 것도 중요하다.

▷▷ 그렇다면 어떤 키워드를 사용해야 하는가?

　타깃 시청자들이 주로 사용하고 트렌드를 잘 반영하는 키워드가 좋은 키워드라 할 수 있다. 좋은 키워드를 리서치하는 이유는 좋은 키워드를 찾아 콘텐츠 제작이나 검색엔진 최적화, 키워드 마케팅 등의 마케팅 전략에 사용하기 위해서이다. 타깃 시청자 관점에서 구체적인 상황을 예측하며 키워드를 검색해보는 것으로 시작하기를 추천한다. 많이 활용되고 있는 키워드 검색 Tool을 몇 가지 소개해본다.

네이버 광고 (searchad.naver.com/)
키워드 툴 (https://keyword.tool.io)
키워드 매니저 (모바일에서만 지원되는 어플)

다음으로 키워드를 설정하는 데에는 두 가지 방법이 있다.

▷▷ **첫째, 채널의 정체성을 고려하여 주제(대표) 키워드와 부주제 키워드를 선정한다.**

주제 키워드가 "교육"이라면 부주제 키워드는 '유튜브 교육' '유튜브 영상 촬영기법' '유튜브 영상 편집기법' 등이 된다. 이러한 키워드를 내 채널 '설정'에 들어가서 세팅해 놓으면 시청자들의 채널 영상 검색에 적용된다.

▷▷ **둘째, 유튜브 업로드 후 '설명 추가란'의 첫 줄에 키워드 3개를 입력하고, 추가 태그란에 12개까지 입력할 수 있다.**

유튜브는 태그를 15개까지 넣을 수 있다. 많이 넣는다고 해서 결코 좋은 게 아니다. (※제3장 '영상 업로드 후 상세설명란 세팅하기' 편을 참고하길 바란다.)

내 채널 '설정'에서 주제와 부주제 키워드 설정하는 방법

❶ 내 채널 홈으로 접속

❷ 채널 맞춤 설정 클릭

❸ 좌측 하단 '설정' 버튼 클릭

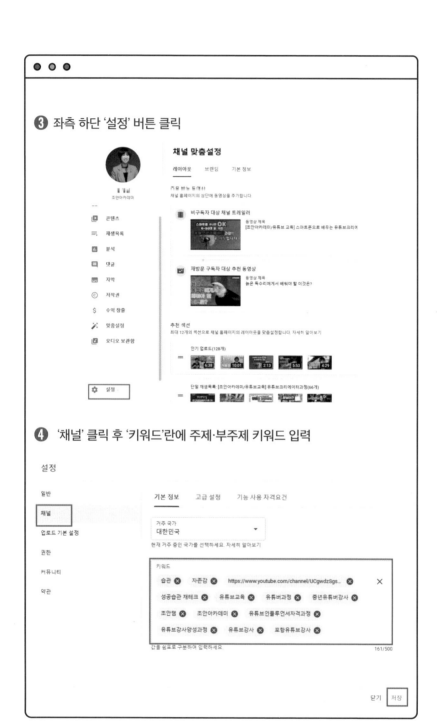

❹ '채널' 클릭 후 '키워드'란에 주제·부주제 키워드 입력

유튜브로 당신의 삶을 리디자인하라

댓글 차단, 삭제, 사용자 숨기기 기능 ♥ ↗ ⋯
활용으로 악플 스트레스는 버려라

비교적 많은 사람이 유튜브를 선뜻 못하는 이유 중 하나가 바로 악플로 인한 심적 부담감 때문이다. 여전히 악플 스트레스를 이겨내지 못하고 안타까운 길을 선택하는 이들에 관한 기사가 이따금 나오고 있다. 내가 올리는 영상에 대해서 시청자들의 반응을 염려하고, 나의 의지와는 무관하게 행동해야 하는 거라면 유튜버로서의 멘탈이 지극히 약한 것이다. 그럴 필요 없다. 좀 더 당당하게 나아가자.

유튜브는 소셜 네트워크라서 시청자들과의 소통을 중요하게 생각한다. '반응도 지수'라는 게 있는데 이는 시청자들의 '좋아요', '공유', '댓글', '구독 버튼'을 통해서 유튜브 AI에 의해 판별된다. 긍정적인 에너지의 댓글이든 부정적인 에너지의 댓글이든 간에 내 채널의 반응도 지수에 영향을 미친다는 뜻이다. 하지만 습관적으로 내 채널에 들어와서 악성댓글을 남기고 가는 시청자가 있게 되면 그것을 감당해내는 게 여간 어려운 일이 아니다. 그 악플로 인해서 유튜브 활동을 중단하거나 포기하는 것을 넘어 극단적인 상황까지 몰고 가는 이들이 있으니 지극히 경계해야 할 일이다.

❶ 내 채널의 악플이 담긴 해당 동영상에 클릭 후 점 세 개를 클릭한다.

조안아카데미
구독자 1.4만명

#부자되는습관 #지갑관리법 #끌어당김의법칙

부자들의 세계에서 중요하게 생각하고 있는 것 중에 하나가 '지갑 관리법'이었습니다. 여러 가지 자료
[더보기]

분석　동영상 수정

댓글 27개　청렬 기준

댓글 추가...

이상윤 2년 전
조안쌤님 감사합니다 ^^ 긍정적으로 살겠습니다 건강하세요 감사합니다 ^^
👍 6　👎　💬　답글
▼ 답글 보기

성로기 보는 세상 5개월 전 구독자 subscribers
선생님 감사합니다. 존돈 대하는 자세와 돈 관리에 대한 조언에 따라 잘 관리하도록 하겠습니다. 고맙습니다. 행복한 저녁 시간 되세요!
👍　👎　답글
▼ 답글 보기

The 미르 1년 전 구독자 subscribers

❷ 원하는 기능을 선택해 설정한다.

👍 408　👎 싫어요　↪ 공유　✂ 클립　⊡+ 저장　···

분석　동영상 수정

법'이었습니다. 여러 가지 자료

ㅏ ^^

관리하도록 하겠습니다. 고맙습니다. 행복한 저녁 시간 되세요!

⋮

📌 고정
🗑 삭제
🚩 신고
⊘ 채널에서 사용자 숨기기

21:04

24:00:00

11:59:51

유튜브로 당신의 삶을 리디자인하라

악플 스트레스 예방을 위해 유튜브에서 제공하는 '댓글 차단', '삭제 기능'을 적절히 활용하는 것도 도움이 되리라 본다. 해당 기능들에 대해서 알아보자.

(2-1) 고정: 긍정적인 댓글을 적어준 시청자의 댓글을 상단에 고정하는 기능이다.

(2-2) 삭제: 삭제하게 되면 댓글을 적은 당사자도 자신의 글이 삭제되었다는 걸 알 수 있다.

(2-3) 신고: 유튜브에 신고하는 기능으로 악플러에겐 계정 정지의 원인이 될 수 있다.

(2-4) 채널에서 사용자 숨기기: 악플이 다른 시청자들에겐 공개되지 않는다. 악플을 적은 당사자는 자신의 글이 '숨김 처리'되었는지 알지 못한다.

내공 있는 유튜버가 되기 위해서는 한 번쯤은 겪어야 하는 일이기도 하다. 필자도 나를 불편하게 하는 댓글이 있지만 일부러 삭제하거나 숨김 기능을 쓰진 않았다. 보란 듯이 앞으로 나아가는 모습을 보여주기 위해서는 나를 단련시키기 위한 채찍이라고 생각했기 때문이다.

"이 또한 지나가리니~!"

어떤 굴욕에도 흔들리지 않는 멘탈을 갖추자.

확장자에 대한 이해

['확장자(File name extension)'는 데이터 파일의 종류를 나타내는 징표로 파일의 종류나 목적을 분명히 나타내기 위하여 파일 이름 바로 뒤에 추가되는 짧은 문자열, 구두점(.)으로 시작되는 최대 3자 까지의 (MS-DOS) 문자열, 또는 3개 이상의 문자로 구성된다. 여기 에서 구두점은 구분 기호로써 사용된다. 모든 프로그램 파일 이름 과 대부분의 데이터 파일 이름에는 파일 이름 확장자가 추가된다. 파일 이름 확장자는 프로그램 작성자 또는 사용자에 의해 추가되기 도 한다.

같은 이름의 파일이라도 형식에 따라 각각 다른 추가 구문을 붙 인다면 데이터 처리 오류도 막을 수 있으며 사용자들이 각 파일의 용도를 구분하는데도 훨씬 편할 것이다. 파일 형식을 구분하는 이 러한 추가 구문을 '파일 확장자(Filename extension)'라고 하며, 1960 년대 후반부터 본격적으로 널리 쓰이게 되었다. 예를 들어 같은 이 름의 result 파일이라도 'pic'이라는 확장자가 붙는다면(result.pic) 이 는 그림 형식의 데이터이며, '.txt'라는 확장자가 붙는다면(result.txt)

이를 문서 형식의 데이터로 구분할 수 있다는 것이다.][4]

파일을 다운로드하다 보면 컴퓨터 좌측 하단이나 우측 상단에 확장자가 표기된다. PNG, JPEG는 이미지 사진을 뜻하고, MP3는 음원, 오디오 MP4는 동영상을 뜻한다. 가장 많이 사용되는 확장자이므로 잘 숙지해두길 바란다.

---

4   네이버 참조

- 본문의 이해를 돕기 위해 "동영상 참고편"(325p)의 설명 동영상 QR코드를 참고해 주세요. 그래도 이해가 힘들다면 해당 설명 유튜브 댓글창에 질문을 남겨주세요!
- 업데이트되는 내용은 주기적으로 유튜브에 업로드됩니다. '재생목록 → 유튜브 크리 에이터과정' 목록을 시청해주세요!

제3장

이제부터 나도
유튜버다

유튜브 실전편

구글 계정 만들기

유튜브 채널을 개설하려면 구글 계정이 필요하다. 기가입된 계정의 ID와 비밀번호를 기억하고 있으면 그대로 사용하면 된다. 구글 계정을 만들 수 있는 회수는 무한하다. 계정을 새롭게 만들기를 원한다면 아래의 순서대로 따라가 보자.

1. 구글 검색창에서 '구글 계정 만들기'를 입력한다.

2. '구글 계정 만들기' 주소창을 클릭한다.

3. 본인 계정과 비즈니스 관리 계정의 유형을 선택한다. 홍보해야 할 사업장이 있는 경우엔 비즈니스 관리를 선택하는 것이 좋다. 구글 비즈니스 등록 기능을 활용해서 사업장을 홍보할 수가 있기 때문이다. 필자는 '본인 계정'으로 들어가 본다.

4. 이름, 이메일, 비밀번호를 입력한다. 이름은 본명이 아니어도 가능하다.

자신의 ID와 비밀번호는 휴대전화 메모장에 적어두기를 제안한다.

5. 생년월일과 성별을 입력하고 선택사항은 굳이 적지 않아도 된다.

유튜브로 당신의 삶을 리디자인하라

6. 구글 서비스 약관에 동의하고 '계정 만들기'를 클릭한다.

7. 정상적으로 구글 계정이 만들어지면 아래와 같은 그림으로 표시된다.

채널 개설하기

앞에서 제시했었던 기준에 따라 채널명을 만들었다면 이제 나만의 유튜브 채널을 개설할 수 있게 된다. 구글 계정 하나에 기본(일반)채널을 만들 수 있고, 기본(일반)채널의 하위조직으로 브랜드 채널을 만들 수 있다. 이는 본인 계정과 비즈니스 관리 계정에 똑같이 적용된다.

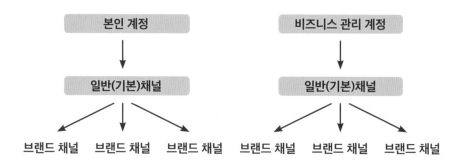

이제부터 유튜브 채널을 개설해보자.

1. 구글 계정이 만들어진 마지막 상태 화면 우측 상단의 'Google 앱' 클릭 후
   '유튜브'를 클릭한다.

2. '채널 만들기'를 클릭한다. 자기도 모르는 사이에 채널이 만들어졌다면 '채
   널 만들기'라는 말 대신 '내 채널'로 뜰 것이다.

3. 일반채널명은 이름으로만 진행한다.

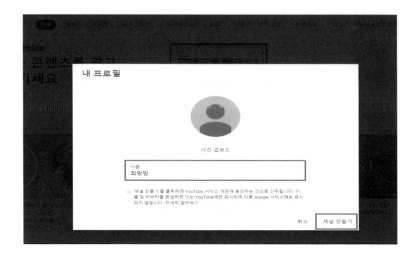

4. 일반채널이 만들어졌음을 확인할 수 있다.

유튜브로 당신의 삶을 리디자인하라

5. 일반채널의 하위그룹인 '브랜드 채널'을 만들어보자. 채널 아이콘을 누른 후 '설정'을 누른다.

6. '새 채널 만들기'를 클릭한다.

7. 브랜드 채널명을 적은 후 '만들기'를 클릭한다.

8. 브랜드 채널이 만들어졌음을 확인할 수 있다. 브랜드 채널인지 확인할 방
법은 '채널 아이콘 클릭 브랜드 채널인지 확인할 방법은 '채널 아이콘 클릭
→ 설정 → 관리자 추가 기능'이라는 말이 있으면 브랜드 채널이다.

유튜브로 당신의 삶을 리디자인하라

채널 홈의 대문과 같은
채널 아트 만들기

　　내 채널의 정체성을 알려줄 수 있는 채널 아트를 '미리캔버스'에서 만들어 보자. 미리캔버스는 ㈜ 미리디에서 운영하는 디자인 웹사이트이며 저작권 걱정 없이 무료(유료)로 고퀄리티 PPT, 썸네일, 채널 아트, 시각 자료, 포스터 등을 만들 수 있는 그래픽 웹사이트이다. (크롬이나 엣지, 네이버 웨일의 브라우저를 이용해야 지원된다.)

1.구글 검색창에서 '미리캔버스'를 검색한다.

Google

🔍 │		🎤
ⓘ 미리캔버스 - Google 검색		✕
ⓘ 구글계정만들기		
ⓘ 네이버		
ⓘ 픽사베이		
ⓘ 샌드애니웨어		
ⓘ 리무브bg		
ⓘ 줌		
ⓘ 소상공인방역지원금		

2. 미리캔버스 주소창을 클릭한다.

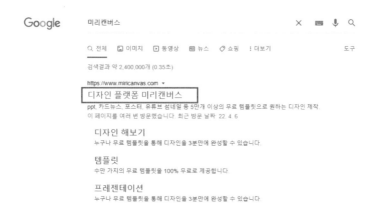

3. 로그인하기를 클릭한다. 파일을 다운로드하려면 로그인은 필수!

유튜브로 당신의 삶을 리디자인하라

4. 소셜 계정으로 간편 로그인한다. 필자는 구글로 로그인했다.

5. '로그인 유지하기'를 클릭한다.

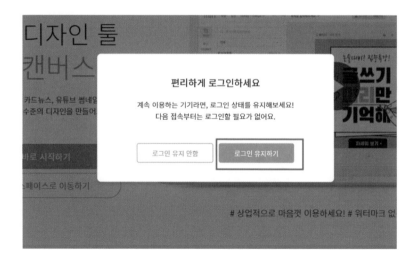

6. '디자인 만들기'를 클릭한다.

내 디자인이 비어있어요

7. 유튜브 / 팟빵 → 채널 아트를 클릭한다

내 디자인이 비어있어요

유튜브로 당신의 삶을 리디자인하라

8. 팝업창은 ×버튼 클릭해서 없앤 후 왼쪽에 있는 채널 아트 템플릿 중에서
   자신이 사용할 템플릿 하나를 선택한다.

9. 미리캔버스의 구성 도구들을 확인해보자.

🔔 템플릿: 유튜브 / 파상, 문자 서식, PPT 등 다양한 용도로 사용할 수 있는
   템플릿이 구성되어 있다.

🔔 **작업 공간**: 내가 만들었던 디자인을 저장해 놓을 수 있다.

🔔 **업로드**: 필요한 이미지나 동영상을 불러올 수 있다.

유튜브로 당신의 삶을 리디자인하라

🔔 **사진**: 미리캔버스와 픽사베이에서 저작권 무료로 제공하는 사진을 이용할
 수 있다.

🔔 **요소**: 컬렉션, 일러스트, 아이콘, 조합, 애니, 도형, 선 등 필요한 요소들을
 이용할 수 있다.

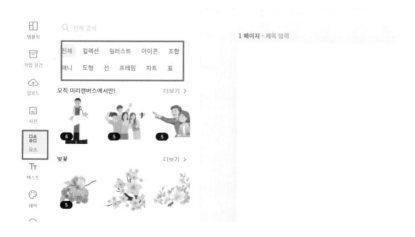

🔔 **텍스트**: 제목 및 부제목, 본문 등 자막을 넣을 수 있다.

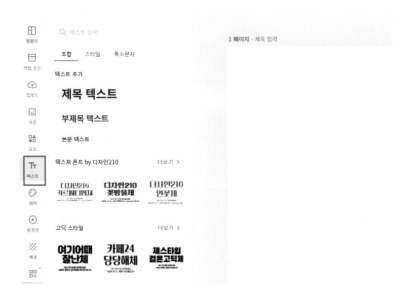

🔔 **테마**: 원하는 테마 색상을 선택해 사용할 수 있다.

유튜브로 당신의 삶을 리디자인하라

🔔 동영상: 동영상과 유튜브 URL 기능이 있다.

🔔 배경: 템플릿 배경을 다양하게 활용해 채널 홈 및 채널 아트를 꾸밀 수 있다.

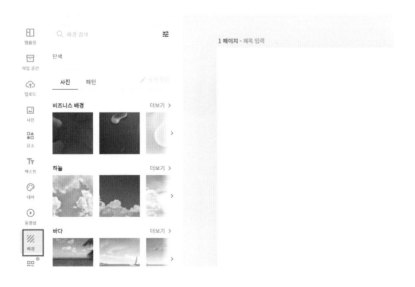

10. 원하는 템플릿 하나를 클릭하면 우측에 불러와진다.

11. 바꾸고자 하는 텍스트에 더블클릭해서 수정한다.

유튜브로 당신의 삶을 리디자인하라

12. 필요 없는 개체는 클릭해서 'Backspace'키로 삭제한다.

13. '이미지 넣기'라는 글자가 있으면 자신이 불러온 사진으로 대체 가능하다. 업로드 → 내 파일 업로드 → 바탕 화면이나 사진 폴더에 있는 이미지를 연 후 마우스 좌클릭하면 템플릿에 불러오기가 된다. '이미지 넣기'라는 글자에 살짝 갖다 대면 나머진 알아서 자동으로 교체된다.

14. 파일 제목을 입력한다. 모든 파일에는 작업 날짜를 적어주는 게 파일 정
    리 정돈하기에 용이하다.

15. 다운로드 → 빠른 다운로드를 클릭한다.

유튜브로 당신의 삶을 리디자인하라

16. 좌측 하단에 있는 '꺾쇠 모양(⌄)' 클릭 후 '폴더 열기'를 클릭해서 저장 위치를 확인한다.

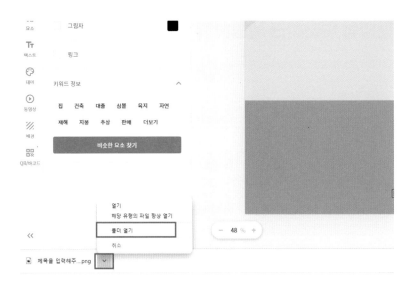

17. 마우스 좌클릭해서 '바탕 화면'에 올려놓는다(드래그한다).

채널 아트 업로드, 프로필 사진, 동영상 워터마크 세팅하기

이제 다 만들어진 채널 아트를 유튜브에 업로드해보자.

1. 채널 아트 만들기 작업이 끝났던 '미리캔버스' 주소창 상단에 있는 유튜브로 클릭하거나 이러한 창이 안 보일 경우 유튜브 → 내 채널로 들어간다.

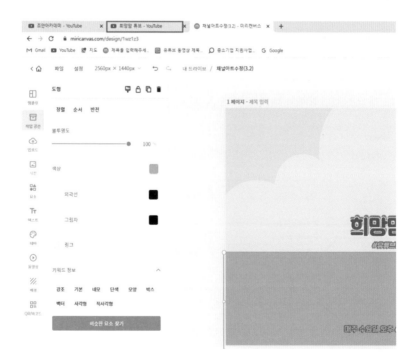

유튜브로 당신의 삶을 리디자인하라

2. 채널 맞춤 설정을 클릭한다.

3. 채널 개설 후 한 번만 보여지는 팝업창에서 '계속'을 클릭한다.

4. '브랜딩'을 클릭한다.

5. 배너 이미지에 있는 '업로드'를 클릭한다.

채널 맞춤설정

레이아웃   **브랜딩**   기본 정보

사진
프로필 사진은 동영상 및 댓글 옆과 같이 YouTube에서 채널을 나타내는 위치에 표시됩니다.

98x98픽셀 이상, 4MB 이하의 사진이 권장됩니다. PNG 또는 GIF(애니메이션 GIF 제외) 파일을 사용하세요. 사진이 YouTube 커뮤니티 가이드를 준수해야 합니다.
자세히 알아보기

업로드

배너 이미지
이 이미지가 채널 상단에 표시됩니다.

모든 기기에 최적화된 이미지가 표시되도록 2048x1152픽셀 이상, 6MB 이하의 이미지를 사용하세요.
자세히 알아보기

업로드

유튜브로 당신의 삶을 리디자인하라

6. 바탕 화면에 있는 채널 아트 클릭 후 열기.

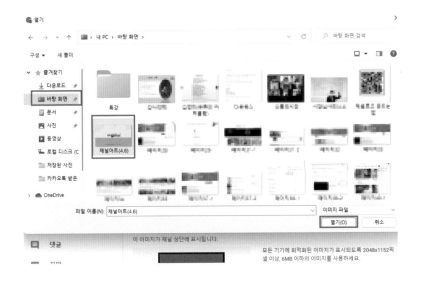

7. #1은 모바일에서 보여지는 화면, #2는 데스크톱에서 보여지며 #3은 TV에서 보여지는 화면이다. 공통적인 #1의 공간이 확인되었다면 완료를 클릭한다.

8. 변경이나 삭제는 언제든지 가능하다.

9. 프로필 사진과 동영상 워터마크 사진도 업로드한다. 동영상 워터마크는 컴퓨터로 접속하는 시청자들에게 '구독 버튼'으로 활성화되는 기능이다.

유튜브로 당신의 삶을 리디자인하라

10. 프로필 사진과 동영상 워터마크 사진을 업로드했다면 우측 상단에 있는
    '게시' 버튼을 클릭한다.

11. 채널 아트가 정상적으로 세팅됐는지 확인하기 위해 하단에 있는 '내 채널
    로 이동'을 클릭하거나 채널 아이콘 → 내 채널 클릭해서 들어간다.

12. 채널 아트가 정상적으로 세팅된 것을 확인할 수 있다.

유튜브로 당신의 삶을 리디자인하라

채널 기본 정보 세팅하기

1. 내 채널 → 채널 맞춤 설정에 들어간다.

2. '기본 정보'를 클릭한다.

3. '설명란'에는 자신의 채널 콘텐츠에 대한 소개글을 적는다. '링크 추가란'에
는 자신이 운영 중인 다른 SNS 계정 링크를 복사해서 붙여넣기 한다. '이메
일 주소란'에 이메일을 적는다.

4. 우측 상단에 있는 '게시' 버튼을 클릭해야만 저장이 된다.

유튜브로 당신의 삶을 리디자인하라

5. 우측 하단에 있는 '채널로 이동' 클릭해서 확인한다.

6. 내 채널에 들어와서 '정보'를 클릭하면 확인할 수 있다. SNS 링크 추가 시 채널 아트 우측 하단에 게시되며 이는 컴퓨터로 접속하는 시청자들에게만 활성화된다.

채널 로고 만들기

내 채널에 사용할 로고를 만들기 위해서는 '로고 만들기'앱을 다운받아야 한다. 이는 모바일 안드로이드 버전에서만 지원된다.

1. Play store에서 '로고 만들기 앱'을 설치한 뒤 한국어로 언어를 설정한다.

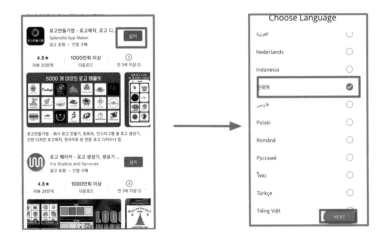

2. 사업체 이름은 채널명으로 적고 카테고리를 선택한다.

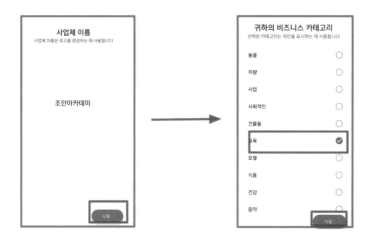

3. 카테고리 선택 후 자신의 콘텐츠에 어울릴만한 로고를 선택한다.
(*왕관 표시가 있는 로고는 유료 버전!)

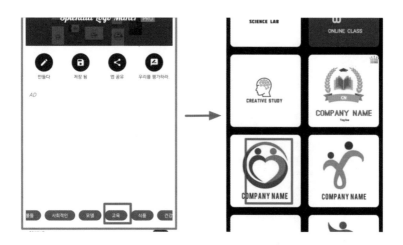

4. 채널명 터치 후 하단에 있는 'Tt'를 터치하여 글자의 크기를 조절할 수 있고, '색깔'을 터치하여 폰트 색깔을 변경할 수 있다.

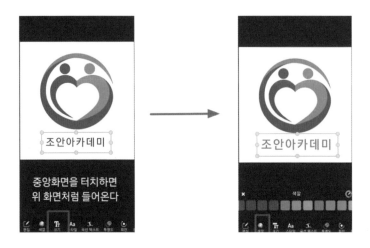

5. '투명한 BG'를 설정 후 '확인' 버튼을 터치한다. 로고의 뒷배경을 지우는 과정이다.

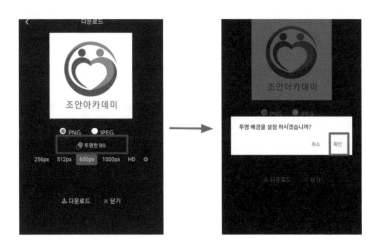

유튜브로 당신의 삶을 리디자인하라

6. 다운로드 버튼을 누른다.

계정 인증하기

계정 인증 과정을 거쳐야만 썸네일 넣기, 실시간 스트리밍, 15분 이상의 장편 영상을 업로드할 수가 있다. 계정 인증하기 방법에 대해 알아보자.

1. 내 채널로 들어오면 주소창에 채널 주소가 뜬다.

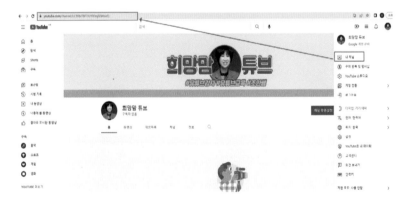

2. 이러한 주소 형태가 되도록 주소창에 한 번 더 클릭한다.

3. https://www.youtube.com/verify 주소를 입력한다.

4. 전화번호를 입력 후 '코드 받기'를 클릭한다.

5. 모바일로 전송받은 6자리 인증 코드 번호를 입력한 후 제출한다.

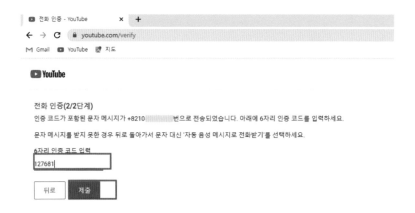

유튜브로 당신의 삶을 리디자인하라

6. 계정 인증이 완료되었다.

뒷배경 지우기
(SNOW 앱, Remove bg)

▷▷ SNOW 앱 활용하기

뒷배경을 지우기 위해 모바일 전용 앱인 SNOW를 Play store에서
다운받아보자. 아래 사진이 보이도록 광고는 건너뛰기 한다.

1. 좌측 하단에 있는 '보정' 터치 후 우측 상단에 있는 '오려내기'를 터치한다.

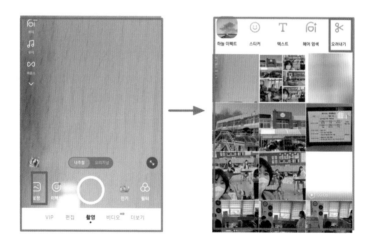

유튜브로 당신의 삶을 리디자인하라

2. 붉은 부분만 남기고 나머지 배경은 자동으로 지워준다. 브러쉬와 지우개를 적절히 활용 후 우측 하단에 있는 확인 버튼을 터치한다.

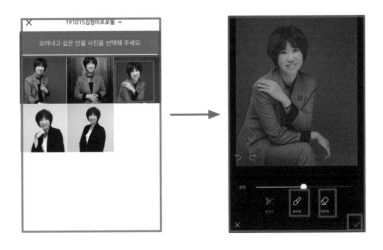

3. 하단에 있는 '저장' 버튼을 터치한다.

#.갤러리 'snow'라는 폴더에
저장된다.

SNOW 앱은 모바일에서만 지원된다. SNOW에서 작업했던 뒷배경 지운 사진을 PC로 전송 후 미리캔버스에서 활용하고자 할 때는 뒷배경이 까맣게 처리되어 불러와진다. 반대로 PC에서 작업했던 것을 모바일로 불러왔을 때 또한 마찬가지다. 이미지의 알파 값이 날아갔기 때문이다. PC에서 삭업하고자 할 때는 다음에 오는 사이트를 활용해보도록 하자.

▷▷ Remove bg 활용하기

Remove bg는 구글 사이트로 접속한다. 모바일과 PC에서 동일하게 제공된다. 다음은 모바일에서 보여지는 화면이다.

1. 구글 검색창에 'Remove bg'를 입력 후 사이트에 접속하여 '이미지 업로드'를 터치한다.

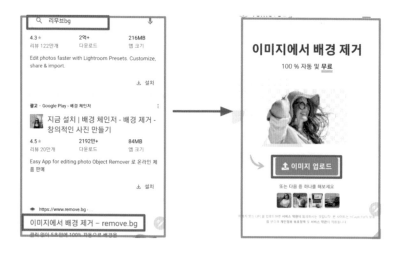

유튜브로 당신의 삶을 리디자인하라

2. 미디어 허용하고 지우고자 하는 사진 선택 후 완료를 터치한다.

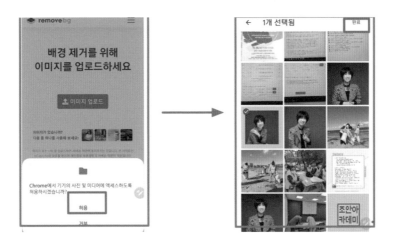

3. 좌측 하단에 '다운로드'를 터치하면 폴더에 저장된다.

#. 갤러리 '다운로드' 라는
폴더에 저장된다.

썸네일 만들기
①키네마스터 활용하기

　새로운 영상을 올릴 때마다 썸네일은 바꾸어주어야 하므로 다양한 툴을 활용하여 썸네일을 만들어볼 것을 제안한다.

　먼저 모바일 동영상 편집앱인 '키네마스터(KineMaster)'의 기능 구성부터 활용법까지 알아보자. Play store에서 키네마스터 앱을 다운로드한다. 무료 버전은 워터마크가 붙으며 중간중간 광고가 많이 떠서 작업하는 데 불편함을 줄 수 있다. 하지만 무료로 사용해도 활용도가 높으므로 충분히 사용해본 후 유료로 전환하기를 권한다.

▷▷ 키네마스터 기능 구성

#.1 : 구독 정보
#.2 : 새로운 영상편집을
**　　　진행할 때**
#.3 : 내가 작업했었던
**　　　영상물**

#.1 : 유료로 구독하고자 할 때 접속한다.

#.2 : 새로운 영상 편집을 진행할 때 접속한다.

#.3 : 내가 작업했었던 영상물들을 볼 수 있다. 점 3개를 터치하면 이름 바꾸기, 복제, 삭제 기능이 있다.

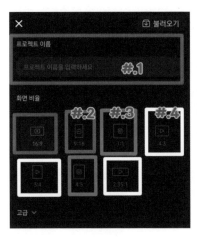 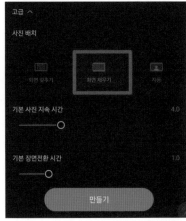

#.1 : 프로젝트 이름을 적을 수 있고, 유튜브 일반 동영상 올릴 때 선택한다.

#.2 : 유튜브 쇼츠, 틱톡, 인스타그램의 릴스에 올릴 영상을 편집할 때 선택한다.

#.3 : 인스타그램의 게시물에 올릴 동영상을 편집할 때 선택한다.

#.4 : 4:3, 3:4, 2.35:1의 화면 비율에 맞는 동영상을 편집할 때 선택한다.

사진을 활용하여 동영상 편집하고자 할 때는 반드시 상하좌우 화면 채우기를 선택하는 것이 좋다. 좌우 비율을 일정하게 맞춰주기 때문에 깔끔하게 처리된다. 단, 경우에 따라 사진 해상도가 약간 깨질 수 있다.

#.1 : 홈 화면으로 나가기 기능

#.2 : 조금 전 화면으로 되돌아가기 기능

#.빨간색 줄 : 편집하기 기준선이 되는 '플레이헤드', 미디어에서 불러온 사진은 '클립'이라 한다. 클립의 하위그룹은 '레이어'이다. 레이어에서는 에니매이션 기능이 가능하다.

보여지는 편집화면을 캡처 후 갤러리에 저장할 수 있고, 클립이나 레이어로 타임라인(편집하는 공간)에 추가할 수 있다.

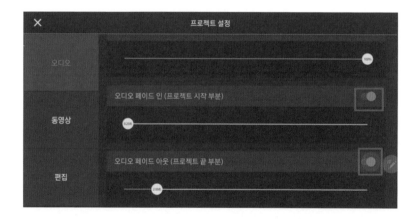

톱니바퀴 모양을 눌러 프로젝트 오디오 음량을 설정할 수 있는 기능이 있다. 프로젝트 시작 부분에선 음을 서서히 키워주고, 끝나는 부분에서 음을 서서히 줄일 수 있다. 활성화된 상태에서 컨트롤이 가능하다.

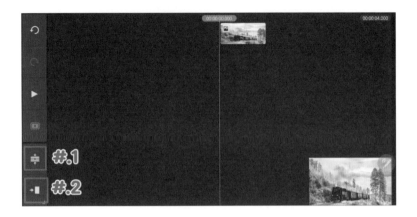

#.1 : 편집하는 공간인 '타임라인'을 넓게 볼 수 있는 기능

#.2 : 미디어 한 클립씩 건너뛰기 기능

레이어에서 불러오는 요소들은 하단 타임라인으로 내려간다.

유튜브로 당신의 삶을 리디자인하라

#.1 : 편집에 필요한 모든 요소를 다운받는 곳(에셋 스토어)

#.2 : 재생 버튼

#.3 : 내보내기 기능

　　　(키네마스터 안에서 편집하는 건 자동 저장되지만 외부로 공유하고자
　　　할 땐 내보내기 기능을 통해 갤러리에 저장 후 공유해야 한다.)

#.4 : 사진과 동영상을 불러오는 곳

　　　(대그룹 미디어, 사진이나 동영상 이동이 불가능하고 크기 조절이 안 된
　　　다.)

#.5 : 사진과 동영상을 불러오는 곳

　　　(소그룹 미디어, 사진이나 동영상 이동이 가능하고, 크기 조절이 된다.)

\#. 녹음 기능: 처음 사용 시 '마이크 기능 허용'을 클릭 → 녹음할 때는 '시작' 버튼 클릭 → 녹음이 끝나면 '정지' 버튼을 누른다. 그러면 하단 표시된 부분에 보라색 녹음 레이어가 생성된다.

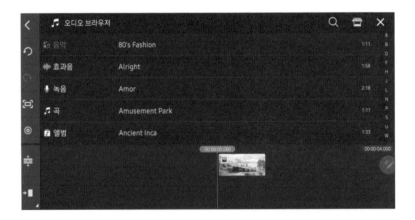

\#. 오디오 기능: '곡'에서 보여지는 것은 내 휴대전화에 저장된 음악으로 '저작권 침해'가 될 수 있으니 키네마스터에서 제공하는 음악을 사용하길 제안한다. 마찬가지로 다양한 음악은 에셋 스토어에서 다운받을 수 있다.

유튜브로 당신의 삶을 리디자인하라

▷▷ 키네마스터 썸네일 만드는 방법

1. 프로젝트 이름을 적은 후 자판에 있는 '완료' 터치 → 하단에 '만들기' 터치
   한다.

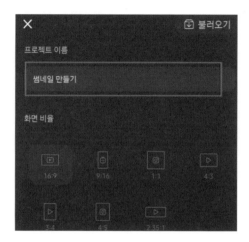

2. 썸네일로 사용할 사진을 선택한다.

3. SNOW에서 뒷배경을 지운 사진을 소그룹 미디어에서 불러온다.

4. SNOW에서 작업한 후 저장했기에 SNOW폴더에서 이미지를 불러온다.

유튜브로 당신의 삶을 리디자인하라

5. 소그룹 미디어에서 불러온 사진은 내가 놓고 싶은 위치에 갖다 놓을 수 있고, 원하는 크기만큼 조절이 가능하다. 적절한 곳에 갖다 놓은 후 크기도 조절한 다음 우측 상단에 있는 확인 버튼(<)을 터치한다.

6. 레이어의 '텍스트'를 터치한 후 '채널명'을 적은 다음 확인 버튼을 누른다.

7. 우측 상단에 있는 Aa를 클릭 후 '에셋 스토어'에 들어가서 '한국어'로 설정한다. (자막 기능을 처음 개시할 때는 '한국어' 기능이 없는 점 참고하기!)

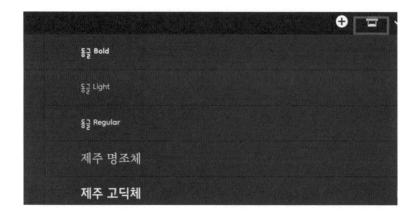

8. 좌측 상단에 있는 '한국어' 클릭 → 마음에 드는 폰트를 다운로드하면 '한국어' 기능이 생성된다.

유튜브로 당신의 삶을 리디자인하라

9. 자막 레이어를 클릭한 상태에서 오른쪽 화면을 스크롤해서 내려가면 '윤곽선' 기능이 있다.

#.1 : 활성화하기

#.2 : 윤곽선 색깔 선택하기

#.3 : 윤곽선 두께 조절하기

#.4 : 확인 버튼 터치하기

10. 채널명은 우측 상단이나 좌측 상단에 올려놓는다.

11. 레이어의 '손글씨'를 터치해서 가독성을 높이기 위해 썸네일 테두리를 넣는다.

11-1. 편집 기능 구성 알아보기

#.1 : 썸네일 테두리 모형을 선택   #.2 : 테두리 색깔 선택

#.3 : 지우개 기능   #.4 : 테두리 두께 선택

#.5 : 확인 클릭

유튜브로 당신의 삶을 리디자인하라

11-2. 필자는 테두리를 노란색으로 선택하고, 두께는 6단계로 선택해보았다.

12. 한 꼭지점을 따라 한 획에 긋는다.

13. '캡처 후 저장'을 터치한다.

유튜브로 당신의 삶을 리디자인하라

썸네일 만들기
② 멸치 활용하기

다음은 '멸치(melchi)'라는 앱을 활용해서 손쉽게 썸네일을 만들어 보자. 멸치 앱은 짧은 동영상 제작과 포토에디터가 가능한 모바일 전용 앱으로 저작권 걱정 없이 사용할 수 있다.

1. Play store에서 '멸치'를 설치한 후 '열기'를 터치한 다음 확인을 누른다.

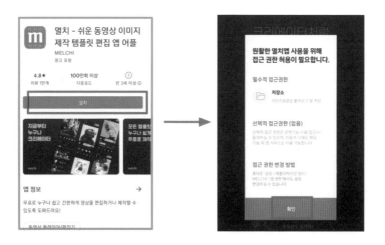

2. 사진 및 미디어에 액세스할 수 있도록 '허용'을 한 후 광고화면은 Skip한다.

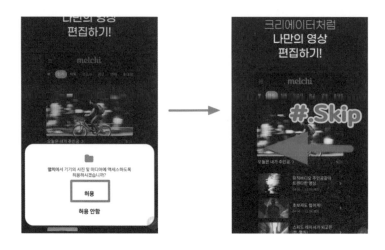

3. '영상 만들기' 터치 후 약관에 동의한다.

유튜브로 당신의 삶을 리디자인하라

4. 상단에 있는 '유튜브 썸네일' 터치 후 '이 사진으로 만들어 볼까요?' 터치한 다.(*영상의 개수:0 필요한 사진:1 텍스트: 3개를 수정하면 된다.)

5. 우측 하단에 있는 '연필 모양'을 눌러 텍스트를 수정한 다음 '제작된 이미 지'를 확인한다. 작업이 완료되면 갤러리에 자동 저장된다. 모바일 사양에 따라서 지원되지 않는 기능이 있을 수 있다.

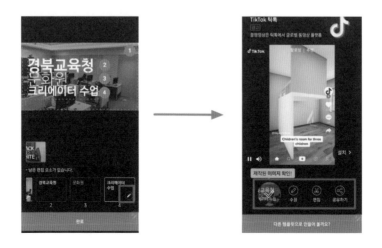

유튜브 오프닝/본영상 앞에 들어가는 인트로 영상, 유튜브 클로징/본영상 끝에 들어가는 종료 영상, 유튜브 범퍼 영상/영상과 영상 중간에 들어가는 미들 영상도 똑같은 방법으로 진행해본다.

썸네일 만들기
③ 미리캔버스 활용하기

앞서 채널 아트 만들기에서 배운 '미리캔버스'를 활용해 썸네일을 만들어보자. 미리 알아본 것처럼 구글 검색창에 '미리캔버스'를 입력해 사이트에 접속한 후 간편 로그인하면 준비 끝!

1. 채널 아트 만드는 방법을 참고하여 꺾쇠 모양(∨) 클릭해서 '유튜브/팟빵' 클릭 → 썸네일을 클릭한다.

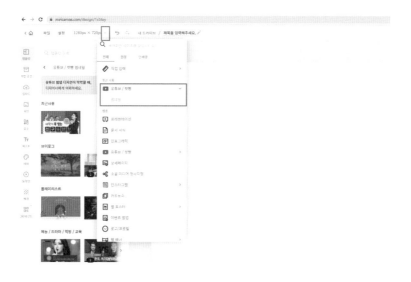

2. 사용하고자 하는 템플릿을 선택한다.

3. 텍스트 위에 마우스 좌클릭 → 개체가 그룹으로 묶여있을 땐 좌측 하단에 '그룹 해제하기'가 생성된다. '그룹 해제하기'를 클릭 후 텍스트를 수정한 다음 개체별로 이동 가능하다.

유튜브로 당신의 삶을 리디자인하라

4. 좌우 화살표가 생성되면 좌우 크기 조절이 가능하다.

5. 텍스트 구성 알아보기

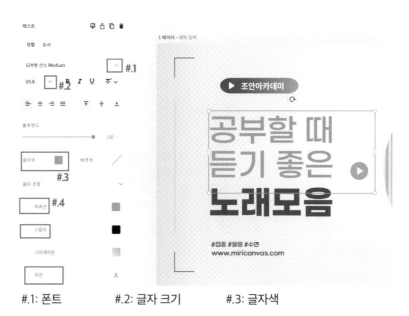

#.1: 폰트   #.2: 글자 크기   #.3: 글자색

#.4: 외곽선(글자 테두리 기능) / 곡선과 그라데이션 기능

6. 픽사베이에서 제공되는 무료 사진을 '불러오기' 한다.

7. 마우스 우클릭하고 '배경으로 만들기' 클릭한다.

유튜브로 당신의 삶을 리디자인하라

8. 썸네일 제목을 넣고, 폰트, 색깔, 외곽선 기능 등을 다양하게 활용한다.

9. 제작된 썸네일 저장 후 다운로드하기

#.1: 썸네일 제목과 작업한 날짜 기입

#.2: 다운로드 클릭

10. 하단에 있는 꺾쇠 모양(∨) 클릭 후 '폴더 열기'를 클릭한다.

11. '내 PC'에 있는 파일을 바탕 화면에 드래그해 놓는다.

(작업할 때 쉽게 찾을 수 있고 컴퓨터 정리하기 편하다.)

유튜브로 당신의 삶을 리디자인하라

썸네일 만들기
④ 캔바 활용하기

    썸네일 만드는 방법 네 번째는 '캔바'를 활용하는 것이다. 캔바는 로고, 소셜 미디어 콘텐츠, 문서, 인쇄물 등 다양한 서식, 사진, 글꼴을 무료(유료)로 제공받을 수 있는 디자인 플랫폼이다. 이는 미리캔버스와 또 다른 느낌을 주기 때문에 다양하게 활용해보길 바란다.

1. 구글 검색창에서 '캔바' 클릭 후 접속한 다음 로그인한다.

2. 유튜브 썸네일을 클릭한다.

3. 추천 템플릿, 요소, 업로드 항목, 텍스트 등은 미리캔버스 활용법과 거의 비슷하다. 사용하고자 하는 템플릿을 선택한다.

4. 수정하고자 하는 텍스트를 클릭하면 상단에 도구들이 활성화된다.

유튜브로 당신의 삶을 리디자인하라

5. 템플릿 우측에 있는 사진을 클릭한 후 좌측에 있는 '업로드 항목'을 클릭한다.

6. 업로드 항목 → 미디어 업로드를 클릭한다.

7. 자료 폴더에 있는 사진을 클릭한다.

8. 업로드된 사진을 클릭하면 오른쪽 템플릿에 불러와진다.

유튜브로 당신의 삶을 리디자인하라

9. 썸네일 작업이 끝났으면 우측 상단에 있는 다운로드를 클릭한다.

10. 하단에 꺾쇠 모양(∨) 클릭 → 폴더 열기 클릭해서 '바탕 화면'에 드래그해 놓
    는다.

픽사베이에서 이미지 사진이나 동영상 다운받기

픽사베이(Pixabay.com)는 회원가입 없이 무료(유료) 이미지 저장소로 저작권 없는 이미지를 상업적 용도로 이용할 수 있는 사이트다. 찾고 싶은 이미지가 있다면 키워드를 입력해 관련 이미지를 확인할 수 있고, 이미지뿐 아니라 동영상과 음악도 무료로 이용할 수 있다.

1. 구글 검색창에서 '픽사베이'를 입력해 사이트에 접속해 찾고자 하는 이미지를 검색한다.

유튜브로 당신의 삶을 리디자인하라

2. 다운받으려는 사진을 클릭한다. 구글 '로그인'하라는 팝업창이 뜨면 Cancel을
   누른다.

3. 우측에 있는 '무료 다운로드' 클릭한다. 해상도는 기본으로 설정된 것을 클릭한
   다. 모바일에서 진행할 때 해상도 호환이 맞지 않아서 다운로드가 되지 않으면
   낮은 해상도를 선택한다.

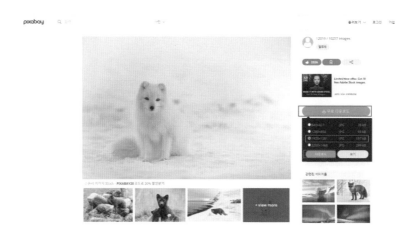

4. 다운로드를 누르면 창이 하나 뜨는데 '로봇이 아닙니다'를 체크 후 다운로드를
   클릭한다. 때에 따라 5번의 화면이 보일 수 있다. 랜덤으로 진행되기 때문이다.

5. 주어지는 '계단'에 해당하는 사진을 체크 후 확인을 누르면 다운로드할 수 있다.
   단, 체크 이미지는 때에 따라 랜덤으로 바뀐다.

유튜브로 당신의 삶을 리디자인하라

6. 좌측 하단에 있는 꺾쇠 모양(∨) → 폴더 열기를 클릭해서 바탕 화면에 드래그
해 놓는다.

영상 촬영기법 이해하기

영상 촬영을 하는 데 있어서 기본적으로 알아두어야 할 기법을 소개한다.

'피사체(被射體, subject/ subject for photography)'란 촬영 대상이 되는 사람이나 물체를 말한다. 피사체와 카메라가 이루는 각도(앵글, angle)에 따라 수평 앵글(Standard angle), 하이 앵글(High angle), 로우 앵글(Low angle)로 표현한다. 또한 삼각대 축이 있느냐 없느냐에 따라 패닝샷(panning shot), 틸트샷(tilt shot), 달리샷(dali shot), 트럭샷(truck shot)으로 나뉜다.

▷▷ 카메라 앵글에 따라

가. 수평 앵글(Standard angle)

— 눈높이에서 정면으로 응시하면서 촬영하는 각도

— 기본적인 앵글

유튜브로 당신의 삶을 리디자인하라

— 가장 안정적인 화면을 제공

— 극적인 효과는 기대 불가

나. 하이 앵글(High angle)

— 피사체를 위에서 내려다본 각도

— 이벤트나 사건, 인물을 관찰자적 입장에서 조망

— 회화적인 조형미, 기하학적 장면 연출

— 인물의 무력감을 표현하고자 할 때

다. 로우 앵글(Low angle)

— 피사체를 밑에서 올려다본 각도

— 건물의 권위를 나타낼 때

— 인물의 위압적인 느낌을 표현할 때

▷▷ 삼각대 축의 유무에 따라

1) 삼각대 축이 있는 경우(고정)

가. 패닝샷(Panning shot): 좌우로 축을 이용하여 전경을 담아내는 기법

나. 틸트샷(Tilt shot): 상하로 축을 이용하여 전경을 담아내는 기법

2) 삼각대 축이 없는 경우(무빙)

가. 달리샷(Dali shot): 카메라가 피사체에 다가가거나 멀어지는 무빙

기법

나. 트럭샷(Truck shot): 카메라가 좌우로 움직이는 무빙 기법

크로마키 기법 활용하기

'크로마키(chroma-key)'란 컬러TV 방송의 화면 합성 기술로 색조의 차이를 이용하여 어떤 피사체만을 뽑아내어 다른 화면에 끼워 넣는 방법을 말한다. 다시 말해 현실에서 촬영하기 어려운 상황을 두 개의 영상을 합성해 만드는 기술이다.

크로마키 천의 색깔은 그레이, 화이트, 블랙, 블루, 그린이 있으며 주로 블루와 그린을 많이 선호한다. 다양한 배경효과를 줄 수 있어 뒷배경에 대한 부담을 줄일 수 있는 이점이 있기에 적절히 사용해보기를 추천한다.

앞서 썸네일 만들기에서 알아본 키네마스터를 활용해보자.

먼저 키네마스터 활용법에서 배운 것처럼 [새프로젝트 → 프로젝트 이름 → 화면비율(16:9) → 사진 배치(화면 채우기) → 만들기]를 통해 제작 준비를 마친다.

1. 사용할 이미지 사진이나 동영상을 픽사베이에서 다운받은 후 '대그룹 미디어'에
   서 '불러오기' 한다.

2. 소그룹 미디어에서 '크로마키 동영상'을 불러온다.

3. 우측 하단의 화살표를 이용하여 화면 전체를 채운다.

4. 우측 화면에 있는 '크로마키'를 터치한다.

유튜브로 당신의 삶을 리디자인하라

5. 크로마키 '적용'을 활성화한다.

6. 크로마키 편집 기능 구성을 살펴보자.

#1: 피사체 명암 조절

#2: 배경 조절

#3: 크로마키 천의 색깔과 같은지 확인

세 가지가 조절되었다면 우측 상단에 있는 확인 버튼(〈)을 터치하거나 타임라인(편집 작업하는 하단 공간)을 터치한다.

영상 편집하기
① 사진을 활용한 편집 방법

　사진을 활용하여 최소한의 기능만 넣은 채 편집해보자. 편집에 대한 자신감이 생기면 동영상을 활용한 영상 편집도 거뜬히 해낼 수 있다. 영상 편집에 필요한 사진은 가로 사이즈가 좋다. 가로 16:9가 유튜브에 최적화된 비율이기 때문이다.

　동영상 편집기는 모바일 전용 앱인 '키네마스터'를 사용하기로 한다. 기능에 대한 기초적인 설명은 '썸네일 만들기 ①키네마스터 활용하기(124p)'편을 참고하기를 바란다.

유튜브로 당신의 삶을 리디자인하라

1. 새프로젝트 → 프로젝트 이름 → 화면비율(16:9) → 만들기를 터치한 후 '미디어'
   에서 편집에 사용할 만한 사진(가로 사이즈)을 몇 장 불러온다.

2. 키네마스터 동영상 편집 구성 기능 확인하기

#1: 클립이나 레이어 복사 기능

#2: 앞의 작업으로 되돌아가기 기능

#3: 클립이나 레이어 삭제 기능

#4: 다른 사진이나 영상으로 교체하는 기능

#5: 화면을 회전 및 미러링 기능

#6: 어둡게 촬영되었을 때 빛의 조절 변경할 수 있는 필터 기능

3. 사진 클립과 클립 사이에 생긴 +버튼을 누르면 '장면전환' 기능이 활성화된다.
에셋 스토어에서 다양한 종류의 기능들을 다운받을 수 있다.

4. +버튼 터치 → 에셋 스토어 → 좌측에 있는 카테고리(3D)에서 원하는 화면을
선택한다. 연습 예시로 단풍잎을 선택했다.

유튜브로 당신의 삶을 리디자인하라

5. 다운로드 → 설치 → 좌측 상단 꺾쇠 모양을 터치한다.

6. 다운받은 예시인 '단풍잎'이 최상단에 올라온 것을 확인했다면 터치한다.

7. '단풍잎'(#1)의 예시(#2)를 선택한 후 확인(#3)을 누르면 #5번처럼 '장면전환 기능이 설정'되었음을 나타낸다. #4번은 장면전환의 속도를 말한다.

8. 소그룹 미디어에서 '채널 로고'를 불러온다.

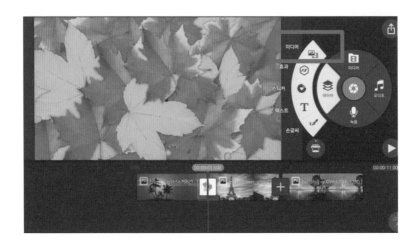

유튜브로 당신의 삶을 리디자인하라

9. '로고 만들기 앱'에서 만들었던 채널 로고는 'Splendid Logo Maker'라는 폴더에 있다. 만들어 놓은 채널 로고를 터치한다.

10. 불러온 채널 로고를 원하는 위치에(좌우 상단) 올려놓고 하단에 있는 채널 로 고 레이어바를 사진 클립이 끝나는 구역까지 우측으로 길게 늘어놓는다(복제 기능). 그다음에 우측 상단 확인 버튼을 터치한다.

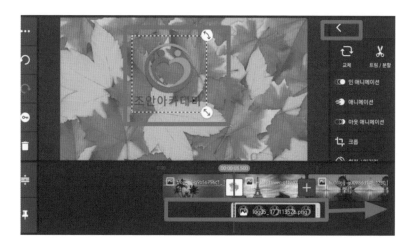

11. '레이어 → 텍스트 → 확인'을 클릭 후 텍스트에 애니메이션 효과를 넣을 수 있다. 알파(불투명도)는 불투명도 조절이 가능하다.

#1: 텍스트 크기 조절 기능

#2: 텍스트 수정 기능

#3: 텍스트 폰트 변경 기능

#4: 텍스트 색깔 선택 기능

#5: 인 애니메이션: 화면에 나올 때 보여지는 기능

　　애니메이션: 해당 화면 처음부터 보여지는 기능

　　아웃 애니메이션: 화면에서 사라질 때 보여지는 기능

#6: 확인

유튜브로 당신의 삶을 리디자인하라

12. '회전/미러링 기능'은 360도 화면 회전과 좌우, 상하 미러링이 가능하다. '텍스트 옵션'을 통해 글자의 행과 열을 조절할 수 있다.

13. 텍스트의 '자간/행간' 조절이 완료되었으면 우측 상단에 있는 확인 버튼을 터치한다.

14. 오디오 브라우저 → 음악 에셋 받기(처음 사용 시) → 원하는 음악 다운로드 →
    설치됨으로 바뀌면 좌측 상단에 있는 (〈)모양 터치 → 좌측 상단의 (×)를 터치
    하고 아래 이미지처럼 보여지면 다운받은 음악 터치 → 우측에 있는 +버튼을
    터치한다.

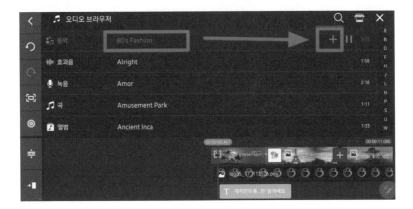

15. 타임라인(하단/작업공간)에 오디오 레이어바가 생긴 것을 확인할 수 있다.

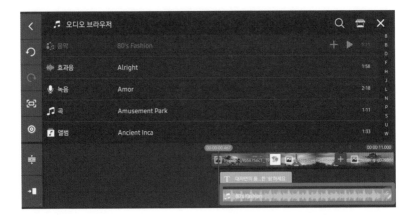

유튜브로 당신의 삶을 리디자인하라

16. 우측 상단에 있는 '믹서' 스피커 모양을 터치해서 오디오 음량 높낮이 조절한
    다. 다른 보이스가 있을 때 오디오는 '25'% 이하로 낮춰주는 게 좋다. 휴대전화
    의 환경에 따라 알맞게 조절한다.

17. 우측 상단에 있는 '자동 볼륨' 활성화한 후 확인 버튼을 터치한다.

18. 사진 클립이 끝나는 곳에 플레이헤드를 맞춘 후 트림/분할(플레이헤드의 오른쪽을 트림)을 터치하여 필요 없는 부분을 잘라낸다. (*플레이헤드: 빨간색 경계 기준선)

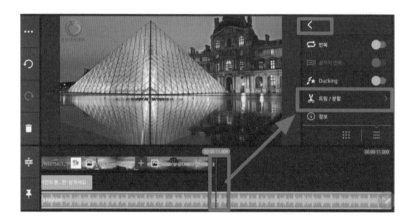

19. '녹음'을 터치하여 목소리 내레이션(narration)을 활용해본다.

유튜브로 당신의 삶을 리디자인하라

20. 이 기능을 처음 사용할 때 '마이크 허용' 메시지가 뜨면 허용한 다음 '시작' 버튼을 터치한다.

21. 녹음이 끝났으면 우측에 있는 '정지' 버튼을 터치하면 타임라인에 보라색 레이어바가 생성된 걸 확인할 수 있다. 그 후 우측 상단에 있는 확인 버튼을 터치한다.

22. 내레이션 볼륨을 조절한다.

23. 믹서를 200%까지 올리고 자동 볼륨 활성화(유튜브에 업로드했을 때 적절한
볼륨상태가 된다)한 후 우측 상단에 있는 '확인' 버튼을 터치한다.

유튜브로 당신의 삶을 리디자인하라

24. 음성을 변조할 수 있는 다양한 기능들도 있다. 모든 기능은 클립이나 레이어 바를 터치해야만 보인다.

25. 왼쪽에 있는 톱니바퀴 모양을 터치해서 오디오의 페이드인, 페이드아웃 기능을 활성화한다.

26. 오디오 페이드인(프로젝트 시작 부분의 음향을 서서히 키워준다)와 오디오 페이드아웃(프로젝트 끝나는 부분의 음향을 서서히 줄여준다)을 활성화한 후 좌측 상단의 ×버튼을 터치한다.

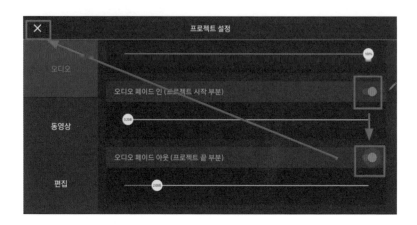

27. 해상도는 FHD 1080p, 프레임레이트는 30이 적절하다.

유튜브로 당신의 삶을 리디자인하라

🔔 프레임레이트(Frame rate)

디스플레이 장치가 화면 하나의 데이터를 표시하는 속도를 말하며, 초당 화면으로 출력되는 프레임의 개수를 뜻한다.

🔔 초당 프레임 수(Frames per second)

1초 동안 보여주는 화면의 수를 가리킨다. 로마자 약어 및 단위로는 fps를 쓴다. 다시 말해 30fps는 1초당 30장의 사진을 보여주고, 60fps는 1초당 60장의 사진을 보여준다는 의미다. 따라서 숫자가 커질수록 해상도는 좋아진다.

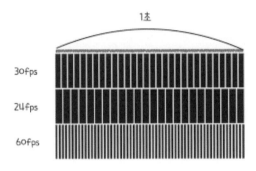

🔔 비트레이트(Bitrate)

특정한 1초마다 처리하는 비트 수를 말한다. 즉, 비트레이트가 높을수록 동영상은 더 많은 정보(비트)를 가지게 되므로 화질은 더 좋아지게 된다. 하지만 비트레이트를 많이 집어넣으면 넣을수록 비트의 수는 그만큼 커지게 되므로 데이터 용량 또한 커지게 된다. 모바일로 편집작업을 많이 해야 하는 경우라면 위 사진 정도만큼만 사용하기를 권한다.

28. 동영상 저장이 완료되면 다른 플랫폼으로 '공유하기'가 생성된다. 올리고 싶은 곳으로 공유한다. 단, 아이폰 유저는 유튜브로 업로드 시 키네마스터에서 연동되지 않으므로 갤러리에서 직접 동영상 업로드하면 된다.

키네마스터 무료 버전 사용자는 중간중간 광고가 팝업창으로 많이 뜬다. 기본시간을 시청한 후 ×버튼 누르고 사용하거나 '건너뛰기'를 터치한 후 사용한다.

영상 편집하기
② 동영상을 활용한 편집 방법

    동영상을 활용해서 편집하고자 할 때 '클립'으로 불러오는 경우와 '레이어'로 불러오는 경우가 있다. 이번에는 레이어로 불러오면서 클립그래픽 기능을 활용하는 방법으로 영상을 편집해보자.

1. 키네마스터에서 새프로젝트 → 프로젝트 이름 적기, 화면 비율(16:9) → 만들기 → 대그룹 미디어에서 이미지 에셋(단색배경, 흰색) 터치한다. 이미지 에셋(#.1)을 터치하면 클립 그래픽(#.2)이 활성화된다. 다양한 모양이 없다면 에셋 스토어에서 다운받은 후 선택한다. 동영상 화면의 조명이 어둡다 싶으면 필터 효과(#.4)를 적용할 수 있다. 모든 작업이 완료되면 확인 버튼(#.3)을 터치한다.

2. 동영상 레이어를 터치해 볼륨은 최대치(200%)로 올린 후 자동 볼륨 '활성화'한
   다. 동영상의 볼륨을 음소거할 시 스피커 모양(#.5)을 터치한다.

3. 필요 없는 부분을 자르는 '컷 편집' 단계이다. 빨간색 플레이헤드를 자르고자 하
   는 곳에 맞춰놓고 동영상 레이어를 터치 후 우측 상단에 있는 '가위 버튼'을 터
   치한다.

4. 플레이헤드의 왼쪽을 자르고자 할 때는 '플레이헤드의 왼쪽 트림'을 선택하고, 오른쪽을 자르고자 할 때는 '플레이헤드의 오른쪽 트림'을 터치하면 된다.

5. 중간 부분을 자르고자 할 때는 '플레이헤드에서 분할'을 터치 후 동영상 레이어 바를 오른쪽으로 '밀어 넣기' 한다. 이 작업이 끝나면 확인 버튼 터치한다.

6. 자료화면을 띄울 때는 '오버레이 기능'을 활용할 수 있다. 소그룹 미디어(레이어
→ 미디어)에서 사용하고자 하는 사진이나 영상을 불러온다.

7. 사진처럼 자료가 불러와지면 우측 하단에 있는 '크롭 기능'을 활용해서 자료 프
레임을 보기 좋게 만들어보자.

유튜브로 당신의 삶을 리디자인하라

8. 마스크를 '활성화'한 후 하단에 있는 '모양'을 터치한다.

9. 원하는 크롭 모양을 선택한다.

10. 하단의 모서리 부분을 밀어 넣으면서 원하는 모양대로 조율한 다음 확인 버튼을 터치한다.

11. 크롭 이미지 모서리에 있는 화살표를 활용하여 크기 조절도 가능하다. 모든 레이어는 애니메이션 기능을 설정할 수가 있다. 부드러운 효과를 주기 위해 애니메이션 기능도 넣어보길 바란다.

　유튜브로 당신의 삶을 리디자인하라

12. 인물의 초상권을 챙기기 위해서는 모자이크 기능도 알아두자. 레이어 → 효과를 터치한다.

13. 원하는 '모자이크 흐림'을 선택한다. 다양한 레이어 효과는 에셋 스토어에서 다운받는다.

14. 모자이크 흐림에 관한 '예시'를 터치한 후 우측 상단에 있는 확인 버튼을 터치한다.

15. 얼굴 전체를 모자이크 처리할 건지 일부분만 할건지를 결정한 후 우측 하단의 모서리를 활용해 조율한다.

유튜브로 당신의 삶을 리디자인하라

16. 우측에 있는 '모양'을 터치하여 모자이크 프레임의 모양을 다양하게 할 수 있다.

17. 모자이크 프레임 모양을 선택 후 페더를 활용해 모자이크의 투명도를 조율할 수 있다.

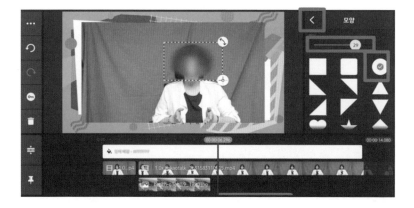

18. 스티커 기능을 활용해서 다양하게 영상 편집을 해보자. 레이어 → 스티커 터치한다.

19. 에셋 스토어에서 '비지니스 맨'을 다운받아보자.

(예시로 든 귀여운 캐릭터이다. 그 외에도 원하는 캐릭터들을 다운받아 활용할 수 있다.)

　　　　　　　유튜브로 당신의 삶을 리디자인하라

20. '비즈니스 맨'의 예시 하나를 선택한 후 확인 버튼 터치한다.

21. 화면에 생성되면 캐릭터 테두리에 있는 화살표를 움직이며 크기를 조절한 후
    적당한 위치에 두고 우측 상단에 있는 확인 버튼을 터치한다.

22. 불러온 스티커를 애니메이션 기능을 넣어주면 훨씬 매끄럽다. 각각의 애니메이션 기능을 적용해 본 후 우측 상단에 있는 확인 버튼 터치!

23. 자막 복제기능에 대해 알아보자. 우선 레이어 → 텍스트를 활용해 첫 문장을 적은 후 '배경색'을 터치한다.

24. Enable[5] 을 활성화한 후 색 팔레트를 터치한다.

25. 배경색을 선택할 때 하단에 있는 명암의 수치를 올리면 배경색을 진하게 할 수 있다.

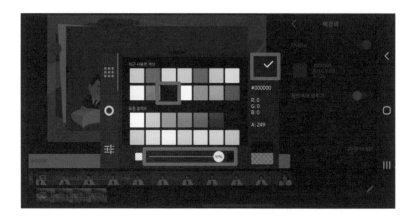

5　Enable(~을 가능하게 하다=allow)

26. 적절한 위치에 갖다두고 우측 하단의 화살표를 이용하여 자막 크기를 조절할
   수 있다.

27. '화면 폭에 맞추기'를 활성화하면 화면 하단을 꽉 채우게 된다.

28. '자막 레이어'를 터치해서 영상이 끝나는 부분까지 오른쪽으로 늘린 후 우측
    상단에 있는 확인 버튼을 터치한다.

이것이 '복제 기능'이다. 하나의 문장을 완성하기까지 작업했던 여러 가지 활동들(폰
트 바꾸기, 배경색 넣기, 윤곽선 기능 넣기)을 생략할 수 있기 때문에 편집의 시간을
절약할 수 있다.

29. 자막으로 넣고자 하는 첫 번째 문장이 끝나는 곳에서 재생헤드를 정지한 후
    우측 상단에 보여지는 '가위 버튼'을 터치하여 '분할'을 터치한다.

30. 두 번째 자막으로 넣고자 하는 부분에서 자막 레이어 터치 → 우측 상단에 있는 '편집'을 터치한다.

31. 두 번째 자막이 수정되었다면 우측 상단에 있는 '가위 버튼(트림/분할)'을 터치한 후 '분할'을 터치한다. 나머지 문장도 이런 식으로 수정하면 된다.

유튜브로 당신의 삶을 리디자인하라

32. 이번에는 '키프레밍 효과'를 활용해서 자막에 멋을 내는 방법을 알아보자. 레이어 → 텍스트를 활용해 문장 하나를 적어본다. #.1번 위치에 빨간색 커서가 깜빡이면 Enter 키를 한 번 터치한다. 다시 커서를 #.2번에 갖다두고 Enter 키를 터치 후 '확인'을 터치한다.

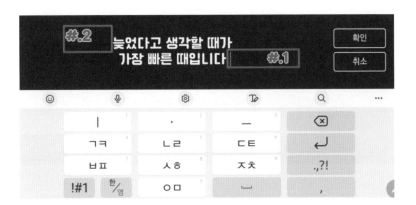

이 기능은 주로 엔딩 장면에서 쓰이며 자막이 아래에서 위로 올라가게 하는 효과이다.

★Tip★
자막이 우측이나 좌측에서 움직이게 할 때는 첫 글자와 마지막 글자에서 Space Bar를 2번 터치한다.

33. 문장의 첫 줄과 끝줄 한 칸이 비어있음을 확인할 수 있다. Aa를 활용해 폰트도 바꾸어보고 색상을 활용해 글자 색도 바꾸어보자.

34. 화면 중앙에 있었던 자막을 시작되는 부분에 갖다 놓은 후 왼쪽에 있는 '열쇠 모양'을 터치한다.

유튜브로 당신의 삶을 리디자인하라

35. 자막 레이어바에 빨간색 원이 하나 체크된다. 1단계가 설정되었다는 뜻이다.

36. 플레이헤드를 자막 레이어의 중앙에 놓고 화면 하단에 있는 자막을 화면 중앙
    부분까지 끌어올려 놓는다.

37. 화면 하단에 있는 자막을 중앙 부분으로 올리면 자막 레이어바에 두 번째 빨간색 원이 만들어진다. 2단계가 설정되었다는 뜻이다.

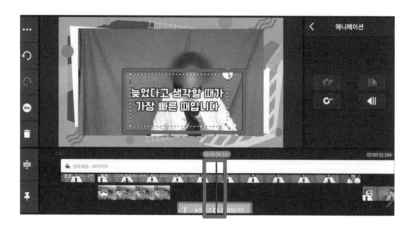

38. 자막 레이어바의 마지막 부분을 플레이헤드에 맞춘 후 화면에 있는 자막을 끝나서 사라지는 곳까지 갖다 놓으면 자막 레이어바에 세 번째 빨간색 원이 만들어진다. 3단계가 설정되었다는 뜻으로 확인 버튼을 터치한다. 단계 조절은 얼마든지 자유자재로 설정할 수 있다.

유튜브로 당신의 삶을 리디자인하라

39. 재생헤드를 터치 후 자막이 너무 빠르게 올라가면 자막 레이어바를 터치해서
    오른쪽으로 적당히 늘려보면 속도가 조절 된다.

40. '오디오 브라우저'에서 사용할만한 오디오를 '+' 모양을 눌러 추가한다.

41. 플레이헤드를 맨 앞쪽에 갖다 놓은 후 '대그룹 미디어' → '멸치' 폴더에서 미리 만들어 둔 '유튜브 오프닝'을 터치하면 맨 앞에 불러와진다.

42. 마찬가지로 플레이헤드를 마지막 끝나는 곳에 갖다두고 '대그룹 미디어' → '멸치' 폴더에서 '유튜브 클로징'을 터치한다.

유튜브로 당신의 삶을 리디자인하라

43. 본영상이 끝나는 부분의 일부 지점에서 서서히 음량을 줄여야만 마지막 유튜브 클로징 영상의 음악에 자연스럽게 연결된다. '상세 볼륨 효과'를 주어보자.
(상세 볼륨 효과를 주려는 구간만큼만 분할한다.)

44. 상세볼륨을 100%에서 조금씩 3단계로 줄여본다. 볼륨 바를 한 번 줄이면 타임라인에 있는 오디오 레이어에 빨간색 원이 생성된다. 마찬가지로 상세볼륨 바(+/-)를 좀 더 내리면 오디오 레이어에 두 번째 빨간색 원이 생성된다. 이런 식으로 조절하면 된다. -버튼은 플레이 헤드가 빨간색 원에 맞춰졌을 때 지울 수 있다, 반대로 빨간색 원이 없는 곳에 플레이헤드가 있으면 우측에 +버튼을 활용하여 빨간색 원을 생성할 수 있다.

45. 상세볼륨 조절이 되었다면 우측 상단에 있는 확인 버튼(<)을 터치한다.

46. 여기까지 되었다면 우측 상단에 있는 '내보내기' 버튼을 터치하여 갤러리에 저
    장한다.

유튜브로 당신의 삶을 리디자인하라

유튜브 동영상 다운로드하는 방법

유튜브에 업로드된 타인의 동영상 일부분을 인용해야 하는 경우가 더러 있을 수 있다. 부득이하게 사용해야 할 경우 해당 유튜버에게 사전 허가 과정은 잊지 말아야 하고, 반드시 출처를 밝혀야 함은 유튜버로서 해야 할 도리이기도 하다.

1. 인용하고자 하는 동영상을 검색 후 주소창의 주소 형태가 " https://www.youtube.com~"의 형태로 된 상태에서 "https://www.ssyoutube.com~" 의 형태로 바꾼 다음 Enter를 친다.

2. 하단에 있는 '낮은 품질로'를 클릭한다.

3. 하단에 있는 '다운로드'를 클릭한다.

유튜브로 당신의 삶을 리디자인하라

4. 좌측 하단에 파일이 다운되면 꺾쇠 모양(˅)을 눌러 '폴더 열기' 클릭한다.

5. '내 PC'에 있는 파일을 '바탕 화면'에 드래그한다.

유튜브 오디오 보관함의 음원 다운 방법

키네마스터 동영상 편집기 안에도 꽤 많은 음원이 수록되어 있지만, 더 다양한 음원이 필요하다면 유튜브 자체에서 제공하는 음원을 무료로 이용하면 된다. 이 방법 외에 유튜브 검색창에서 '무료 음원'이라는 검색어를 입력하면 여러 유튜버가 업로드해 놓은 무료 음원도 활용 가능하다. [내 채널 → 채널 맞춤 설정 → 오디오 보관함]으로 들어가면 확인할 수 있다.

1. 음원을 들어본 후(#1) 다운로드한다(#2).

오디오 보관함

트랙 제목	장르	분위기	아티스트	길이	라이선스 유형	추가된 날짜 ↓
Heal You	팝	슬픔	Freedom Trail Studio	2:02		2022년 3월
Metaheuristic	힙합/랩	극적	Freedom Trail Studio	2:22		2022년 3월
Bop Walker	댄스/일렉트로닉	희망	Freedom Trail Studio	2:43		2022년 3월
We Bubbles	영화/컨셉	행복	Freedom Trail Studio	2:16		다운로드
Tempos Vari	힙합/랩	평키	Freedom Trail Studio	2:48		2022년 3월
Dusty Rhymes	컨트리/포크	행복	Freedom Trail Studio	2:44		2022년 3월
Blue Day	락	차분	Freedom Trail Studio	2:49		2022년 3월
Love the Messenger	알앤비/소울	평키	Freedom Trail Studio	2:50		2022년 3월
Early Oceans	얼터너티브/펑크	행복	Freedom Trail Studio	2:50		2022년 3월

유튜브로 당신의 삶을 리디자인하라

2. 좌측 하단에 있는 꺾쇠 모양 클릭 → 폴더 열기 클릭 → 바탕 화면으로 드래그
한다.

대용량 파일을 쉽게 전송하는 방법

2분 이상 넘는 영상이나 음원은 카톡으로 전송되지 않는 경우가 있다. 그럴 때는 '파일 압축기'라는 앱을 사용해서 파일을 압축하는데 화질이 깨지는 경우가 생긴다. 이때 해상도를 보존하면서 쉽게 파일을 전송하는 방법이 있다.

'샌드애니웨어(send anywhere)'라는 도구가 그것이다. 컴퓨터에서 컴퓨터로, 모바일에서 모바일로, 컴퓨터에서 모바일로, 모바일에서 컴퓨터로 다양하게 전송하고 받기가 가능하다. 컴퓨터로 진행할 때는 '샌드애니웨어' 사이트로 바로 접속하면 되고, 모바일에서 진행할 때는 '샌드애니웨어'라는 앱을 다운받아 활용하면 된다.

바로 앞 페이지에서 배운 대로 다운받았던 오디오 음원을 컴퓨터에서 모바일 기기로 전송하는 방법을 알아보자.

유튜브로 당신의 삶을 리디자인하라

1. 구글 검색창에서 '샌드애니웨어'를 검색한 후 클릭한다.

2. 보내기 +버튼을 클릭한다.

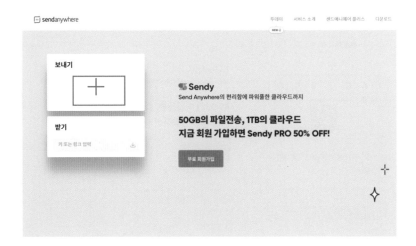

3. 보내고자 하는 파일을 선택 후 열기를 클릭한다.

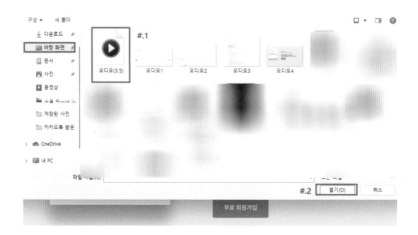

4. '광고 닫기'를 클릭하면 6자리의 코드 번호가 생성된다. 생성된 코드 번호를 전
   송받고자 하는 모바일 기기에 입력한다.

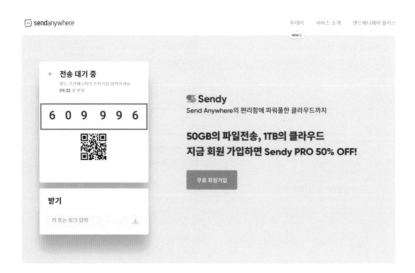

유튜브로 당신의 삶을 리디자인하라

5. 다음은 모바일에서 보여지는 화면이다. '샌드애니웨어'라는 앱에 접속 → 좌측 하단에 있는 '받기' 터치 → 컴퓨터에서 보여지는 코드 번호를 상단에 입력 후 하단에 '받기'를 터치한다.

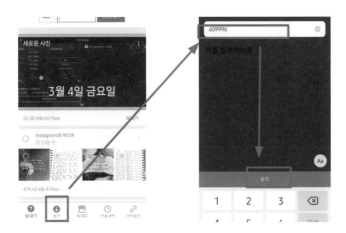

6. 컴퓨터에서 보낸 파일(오디오 음원)이 모바일에 받아졌으면 키네마스터 → 오디오에서 '불러오기' 한다. 동영상이나 이미지 사진을 전송받았을 때는 키네마스터 → 미디어에서 '불러오기' 하면 된다.

(PC 화면)

(모바일 화면)

재생목록 만들기

재생목록을 만들어서 영상을 종류(콘텐츠)별로 담아두면 시청자들에게 원하는 영상을 찾아야 하는 번거로움을 줄일 수 있다. 그리고 유튜버에겐 시청 시간을 늘릴 수 있는 이점이 있어서 '재생목록 만들기'는 꼭 활용하길 바란다. 유튜브 로직이 바뀌면서 유튜브 AI도 시청 시간이 긴 것을 선호하고 있다.

1. 유튜브 내 채널 → 채널 맞춤 설정 → 재생목록 클릭한다.

2. 우측 상단에 있는 '새 재생목록' 클릭한다.

3. 재생목록의 제목을 적고 '만들기' 버튼 클릭한다.

4. 연필 모양 클릭한다.

채널 재생목록

5. 연필 모양을 클릭해서 '재생목록의 제목'과 관련한 설명글을 적는다.

유튜브로 당신의 삶을 리디자인하라

6. 하단에 있는 '저장' 버튼을 클릭한다. 언제든 이곳에서 수정할 수 있으니 편하게 적어보길 바란다. '새 재생목록 만들기'는 컴퓨터에서만 지원되는 기능이다. 모바일에선 만들어 놓은 '재생목록'의 종류 선택만 가능하다.

영상 업로드 후 상세설명란 세팅하기 ♥ ➤ ⋯
(썸네일, 카드, 종료 기능)

    키네마스터 동영상 편집기로 영상을 편집한 다음 '내보내기'한 후 갤러리에 저장된 상태 이후부터 진행해보겠다. PC와 모바일에서 진행하는 방법을 함께 소개한다.

▷▷ PC로 세팅하는 방법

    핸드폰에 저장된 영상은 '샌드애니웨어(send anywhere)'를 이용하여 컴퓨터에 전송해놓는다. (*PC를 활용한 동영상 편집기를 썼을 경우 완료된 동영상을 바탕 화면에 저장해 놓기!)

1. 우측 상단에 있는 '카메라 모양'을 클릭한다.

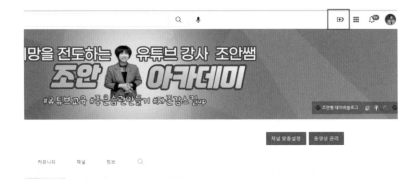

2. 구성을 알아보자.

#1: 동영상 업로드할 때

#2: 실시간 스트리밍할 때

#3: 게시물 작성할 때 (구독자 500명 이상 되면 활용 가능)

3. 2번의 동영상 업로드(#1)을 클릭한 다음 '파일 선택' 클릭한다.

동영상 파일을 드래그 앤 드롭하여 업로드
동영상을 게시하기 전에는 비공개로 설정됩니다.

4-1. 세부정보를 작성해보자. 설명란 첫 줄에는 영상의 중요 키워드 3개를 넣고 그 키워드를 활용하여 설명글을 적는다. 제목도 중요 키워드를 넣어서 작성한다. '미리보기 이미지'에 썸네일 넣기를 한다. 첫 썸네일을 넣고 나면 옵션 기능(우측 상단의 점 세 개)이 생겨서 변경할 수 있다.

유튜브로 당신의 삶을 리디자인하라

4-2. 설명란 하단에 SNS 링크를 붙여넣기 한다.

5. 재생목록을 선택하고 '아니오, 아동용이 아닙니다(필수사항)'를 클릭한다. 이것을 클릭하지 않으면 댓글 사용이 중지되므로 반응도 지수를 떨어트리게 된다. 아이가 출연하더라도 되도록 '예, 아동용입니다'라는 체크란은 피하는 게 좋다. 그다음 '자세히 보기'를 클릭한다.

6. #1은 유료 광고 시 체크한다. #2는 추가 태그를 넣는 곳으로 '내 채널 설정'에서 전체 키워드를 입력했다면, 추가 태그를 영상 올릴 때마다 넣지 않아도 자동 활성화된다. 영상에 해당하는 키워드를 추가로 넣거나 ×를 눌러서 삭제할 수도 있다. 유튜브에서 넣을 수 있는 태그는 총 15개가 적절하다.

유튜브로 당신의 삶을 리디자인하라

7. 최종 화면과 카드 추가 기능을 활용하면 시청 시간을 늘릴 수 있는 이점이 있다.
(이 기능은 PC에서만 적용 가능)

8. '최종 화면 추가'를 클릭한 후 요소 중 하나를 선택한 후 우측 상단에 있는 저장
버튼을 클릭한다.

9. '카드 추가'를 클릭한 후 카드 유형을 선택한다. 카드 링크 기능은 '유튜브 파트너 프로그램'에 가입했을 때만 활용할 수 있다. 우측 상단에 있는 '저장' 버튼을 클릭한다.

10. 여기까지 되었다면 우측 하단에 있는 '다음'을 클릭한다.

11. 저작권 확인 후 우측 하단에 있는 '다음'을 클릭한다.

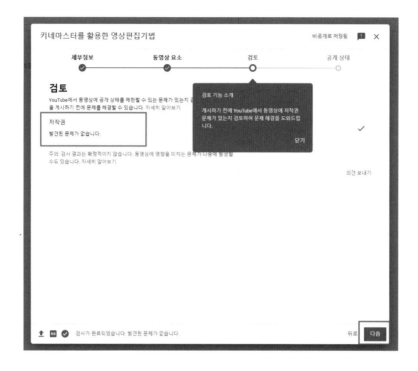

12. 여기까지 되었다면 마지막 공개 버튼을 터치한 후 우측 하단에 있는 '게시'를
클릭한다.

▷▷ 모바일로 세팅하는 방법

모바일을 활용하여 유튜브에 업로드하려면 가장 먼저 설정된 계
정이 일반(개인)계정의 채널인지 브랜드 계정의 채널인지를 확인해
두어야 한다. 'YouTube' 앱은 전체에게 공개되는 유튜브 홈이고, '유
튜브 스튜디오(YouTube Studio)' 앱은 개인적으로 관리하는 스튜디
오의 개념으로 이해하면 된다. 먼저 두 가지 앱을 함께 확인해두자.

유튜브로 당신의 삶을 리디자인하라

\#.요즈음 휴대폰은 '유튜브'라는
앱이 기본적으로 바탕화면에
세팅되어져 있다.

※CF : '유튜브 스튜디오'앱은 나의
유튜브 '개인 스튜디오'라고 보면 된다.
이곳에서 댓글관리및 채널분석등을
할 수 있다.

▶'YouTube': 바탕 화면에 있는 '유튜브 앱'을 터치 후 #1을 터치 → #2를 터치한
다. 나의 채널명이 뜨지 않으면 #3으로 '계정 추가'한다

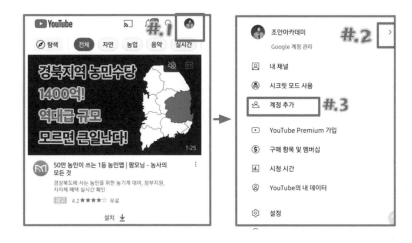

▶'**YouTube Studio**': 플레이스토어(Play store)에서 '유튜브 스튜디오 앱'을 다운받고 앱에 접속해서 우측 상단에 있는 프로필 사진을 터치한다.

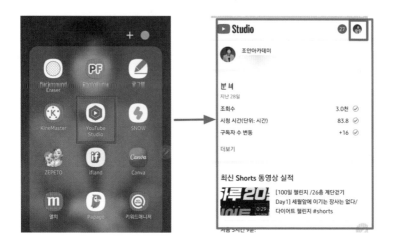

▶'**YouTube Studio**': 자신의 해당 계정에 클릭한다. 꺾쇠 모양을 눌러서 자신의 계정에 터치하거나 '+' 버튼을 터치해 계정을 추가한다.

유튜브로 당신의 삶을 리디자인하라

'YouTube' 앱과 'YouTube Studio' 앱을 확인해봤으니, 이제 모바일로 상세 설명 세팅하는 방법을 알아보자.

1. 키네마스터에서 내보내기 과정으로 갤러리에 저장되었다면 #1.터치 → #2.터치 → 유튜브로 공유한다.

2. #1처럼 비공개 상태인지를 확인한다. (*작업이 완료되면 '공개'로 전환) #2 터치 → #3을 터치해서 유튜브에 올린 후 상세 설명 세팅은 '유튜브 스튜디오'에서 한다.

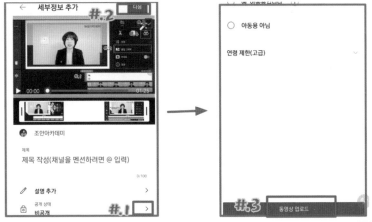

3. '시청 준비 완료'라는 메시지가 뜰 때까지 기다리지 않아도 된다. 영상의 길이가 길 경우엔 많은 시간이 필요하기 때문이다.

#. 이 창을 빠져 나와서 '유튜브 스튜디오'로 가서 추가적인 작업을 한다.

4. '유튜브 스튜디오' 앱으로 들어오면 중간 부분에 조금 전 업로드했던 동영상이 뜬다. 영상을 클릭한 다음 우측 상단에 있는 '연필 모양'을 터치한다.

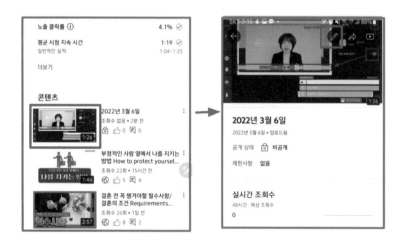

유튜브로 당신의 삶을 리디자인하라

5. 좌측 상단에 있는 '연필 모양'을 터치 후 하단에 있는 '맞춤 썸네일'을 터치한다.

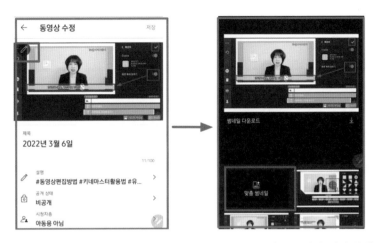

'계정 인증을 정상적으로 받아놓은 상태'면 '맞춤 썸네일'이라는 글자가 진한 흰색으로 표기된다. 그렇지 않을 땐 희미한 글자로 나타나는데 '맞춤 썸네일' 글자를 터치한 후 '계정 인증' 단계로 들어가서 인증받으면 된다. '맞춤 썸네일'은 계정 인증받은 채널에만 제공되는 기능 중 하나이다.

6. 우측 상단에 있는 '완료' 버튼을 터치한다.

#. 처음 업로할 땐
'맞춤 썸네일'로 표시되고
추후 변경시 이곳에서
가능하다.

★Tip★
2022년 3월부로 유튜브 환경이 바뀌어서 '유튜브 쇼츠 썸네일 변경이나 넣기'는 모바일 지원이 되지 않는다. 번거롭더라도 유튜브 쇼츠 썸네일은 PC에서 진행하길 바란다.

7. '설명 추가'를 터치하여 첫 줄에는 영상의 키워드 3개를 넣고, 그 키워드를 활
   용하여 설명란의 글을 완성한다. 또한 이 키워드를 활용하여 '제목 작성'도 완
   료한다.

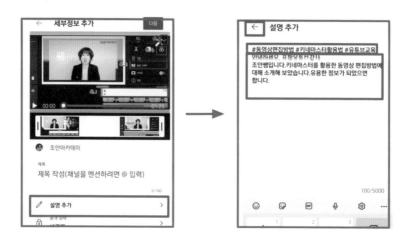

8. '시청자층 선택'은 보기와 같이 체크한다.

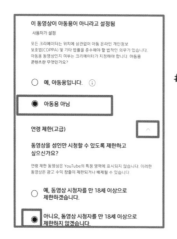

👉 **Point**

\#.PC버전에서도 얘기했던 바와 같이
'예, 아동용입니다'로 체크되면
댓글사용이 중지된다.
아동들만 전용으로 봐야
하는 콘텐츠가 아니라면
굳이 '예, 아동용입니다'를
체크할 필요는 없다.

유튜브로 당신의 삶을 리디자인하라

9. 재생목록에 추가 +버튼을 눌러서 종류를 선택한 후 완료를 터치한다.

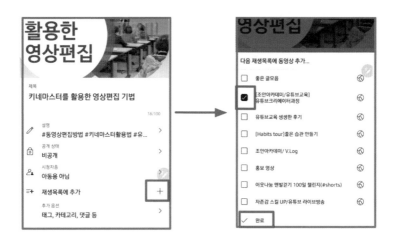

10. '태그, 카테고리, 댓글 등'의 꺾쇠 모양 터치해서 '태그 추가'를 한다. 여기선 태그를 적은 후 쉼표 처리한다. 이 영상이 필요 없을 시엔 하단에 있는 'YOUTUBE에서 삭제'를 터치한다.

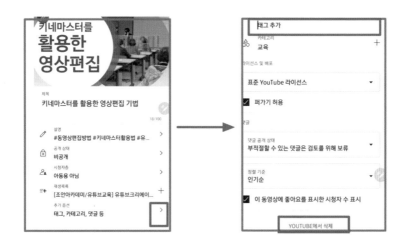

11. #1: 공개, 일부 공개, 비공개 기능

#2: 예약 시간 설정 기능

여기까지 되었다면 비공개를 공개로 전환한 다음 '저장' 버튼을 터치한다.

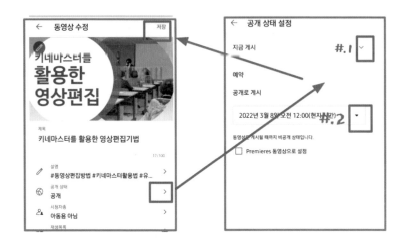

유튜브로 당신의 삶을 리디자인하라

내 채널 분석하기

영상 업로드가 되었으면 한 달 기준(최소한 4개의 동영상은 있어야 한다)으로 내 채널을 점검할 필요가 있다. 자신이 처음 생각했었던 콘셉트와 잘 맞게 가고 있는지, 시청자들의 패턴은 어떠한지, 내 영상은 어떤 루트(경로)로 유입되고 있는지 등 다양하게 둘러볼 필요가 있다.

[유튜브 내 채널 → 채널 맞춤 설정 → 분석]으로 가보자. 내 채널에 대한 전체적인 개요, 도달 범위, 참여도, 시청자층에 대해서 상세히 확인할 수가 있다. 내가 직접 만든 영상을 무료로 업로드할 수 있고, 이것에 대한 분석까지 제공받을 수 있으며 이에 따라 더 많은 성장을 만들어 갈 수가 있으니 여러분들은 탁월한 선택을 한 셈이다.

▷▷ 채널 분석의 개요

지난 7일 동안 채널의 조회수, 평균 조회율, 고급 모드(날짜를 지정해서 내 채널의 성장 그래프를 확인할 수 있다), 구독자 상하향 정도, 시청 시간, 평균 시청 지속시간, 인기 동영상(자신이 올렸던 동영상에 대한 인기 순위를 보여준다)을 알 수 있다.

▷▷ 도달 범위

전체 노출수, 노출 클릭률, 순 시청자수, 트래픽 소스의 유형(외부, 재생목록, 유튜브 검색, 추천 동영상), 노출수가 시청 시간에 미치는 영향을 알 수 있다.

▷▷ 참여도

시청 지속시간에 중요한 부분, 인기 게시물, 최종 화면 기준 상위 동영상, 상위최종화면 요소 유형을 확인할 수 있다.

▷▷ 시청자층

재방문 시청자, 순 시청자수, 시청자 증가를 유도한 동영상, 내 시청자가 유튜브를 이용하는 시간대, 구독자 시청 시간, 연령 및 성별, 영상을 많이 본 지역, 내 시청자가 시청하는 다른 채널, 내 시청자가 시청하는 다른 동영상을 알 수 있다.

영상을 꾸준히 업로드하면서 자신의 채널을 분석해가면 자기 채널 정체성의 확신을 가질 수 있게 된다. 유튜브를 개설한 지 얼마 되지 않은 유튜버라면 최소 일 년 정도는 꾸준함으로 올인해 보자. 분명 눈에 띄는 성장을 해갈 수 있을 것이다. 자신을 철저히 믿어보자. 믿는 만큼 현실이 된다.

유튜브로 당신의 삶을 리디자인하라

깔끔한 레이아웃으로
채널의 정체성 알리기

시청자가 내 채널 홈페이지를 방문하면 채널 예고편, 추천 동영상, 추천 섹션이 표시되도록 채널 레이아웃을 맞춤 설정할 수 있다. 이 설정을 해놓으면 시청자가 내 채널 홈페이지에 방문했을 때 채널 콘텐츠의 이해를 도모할 수 있고, 잠정적인 시청 시간도 늘일 수가 있다. 채널 레이아웃을 깔끔하게 맞춤 설정해보자. 내 채널에서 '채널 맞춤 설정'을 클릭했다면 시작해보자.

1. 레이아웃을 클릭하면 '비구독자 대상'에게 보여주는 첫 영상을 세팅할 수 있고, '재방문 구독자 대상'에게 보여주기 위한 추천 동영상을 세팅할 수 있다.

2. 우측에 있는 '+ 섹션 추가'를 클릭한다.

3. 섹션별로 설정할 수가 있다.

유튜브로 당신의 삶을 리디자인하라

4. 가장 하단에 있는 섹션에 옵션 기능을 클릭한다.

5. '섹션 콘텐츠 수정' 기능과 '섹션 삭제' 기능이 있다.

6. 섹션의 순서(배열순서)를 변경할 수 있다. 두 줄로 된 선을 클릭해서 원하는 위치에 드래그한다. 영상의 중요도에 따라 섹션 배열하는 것을 권한다.

7. 우측 상단에 있는 '게시'를 클릭하면 맞춤 설정한 대로 저장된다.

유튜브로 당신의 삶을 리디자인하라

일반계정의 채널에서 브랜드 계정 채널로 이전하기

    일반채널에는 관리자 기능이 없기 때문에 채널 관리를 도와줄 크리에이터를 추가할 수 있는 브랜드 채널로 운영해가기를 희망할 수 있다. 기존에 자신이 운영하던 채널의 영상과 구독자들을 그대로 이전시키는 방법을 활용하면 된다. 무엇보다도 자신의 채널이 일반채널인지, 브랜드 채널인지 궁금해할 수 있다. 자신의 채널 종류를 파악하는 방법과 일반채널에서 브랜드 채널로 이전하는 방법을 소개하고자 한다.

▷▷ 내 채널은 일반채널인가? 브랜드 채널인가?

(*기존 계정이 있었던 독자들에게만 적용된다)

1. 우측 상단에 있는 채널 아이콘 클릭 → 설정을 클릭한다.

2. #1: '관리자 기능 추가'가 없으면 일반계정의 채널이다.

  #2: 이전시킬 브랜드 채널을 하나 만든다.

3. 채널 이름을 적고(#1), #2를 체크한 후 만들기(#3)를 클릭한다.

유튜브로 당신의 삶을 리디자인하라

4. 예시인 '조안미디어2'라는 브랜드 채널이 만들어졌다. 기존에 있는 브랜드 채널에 구독자가 100명 있고, 영상이 10개 있는 상태에서 일반채널에 있는 영상 (20개)과 구독자(50명)를 이전시켜오게 되면 반드시 알아두어야 할 게 있다. 브랜드 채널에 있었던 영상과 구독자는 '0'이 되고, 일반채널에 있던 영상 20개와 구독자 50명만 이전된다. 두 채널의 구독자와 영상이 합산되는 것이 아님을 기억하라.

5. 이전해 올 일반채널로 들어가야 하므로 우측에 있는 꺾쇠(>)를 클릭해서 '계정 전환'을 한다.

6. '조안미디어2'는 새롭게 만든 브랜드 채널이고, '조안미디어'는 기존에 있었던
   일반채널이다. '조안미디어'를 클릭하면 계정이 바뀐다.

업로드하여 시작하기

7. 계정이 바뀐 것을 확인했다면 '설정'을 클릭한다.

유튜브로 당신의 삶을 리디자인하라

8. '고급 설정'을 클릭한다.

9. '브랜드 계정으로 채널 이전'을 클릭한다.

10. 본인인증 과정을 거친다.

11. 컴퓨터 화면에서 보여지는 인증번호가 모바일에 똑같이 보인다.

12. 모바일 화면에서 '예, 본인이 맞습니다' 터치 후 컴퓨터 화면에 생성된 숫자를 누른다.

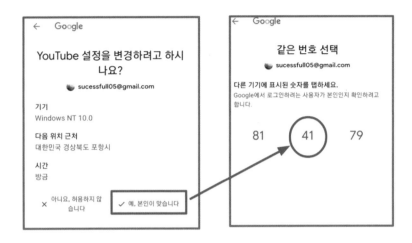

13. '채널을 이전할 계정 선택'에서 '교체'를 클릭한다.

14. 확인 후 '채널 삭제'를 클릭한다.

이 채널을 삭제하시겠어요?

삭제될 채널은 다음과 같습니다.
채널을 이전하면 현재 계정에 연결된 이 채널이 영구적으로 삭제됩니다.

조안미디어2
구독자 없음 • 동영상 없음 • 재생목록 없음

다음 항목이 영구적으로 삭제됩니다.
• 이 채널(동영상, 구독자, 좋아요, 기타 채널 콘텐츠 포함)
• YouTube에 올린 댓글
• 댓글에 대한 답글 및 좋아요 표시
• 검색 및 시청 기록
• 선물 설정

☐ 절차를 이해했으며 계속 진행하기를 원합니다.

취소   채널 삭제

15. '채널 이전'을 클릭한다.

조안미디어
구독자 2명 • 동영상 1개 • 재생목록 없음

이전 시 변경되는 사항
• 채널 이름과 아이콘이 YouTube 전체에서 업데이트됩니다.
• 채널 URL(http://www.youtube.com/channel/UCHD8UDQ6VPYlSzaJYLkgTLA)은 변경되지 않습니다.
일부 콘텐츠는 이전할 수 없습니다
• 댓글은 이전할 수 없습니다.
• 선물 설정이 삭제됩니다.
• 채널 소유자가 제공한 크리에이터 인구통계 정보는 삭제됩니다.

취소   채널 이전

16. 여기까지 진행되었으면 '채널 이전'이 완료된 것이다. 10분 이후에 '내 채널'에 가서 확인하면 이전이 되어 있을 것이다.

유튜브 쇼츠폼 100% 활용하기

유튜브 쇼츠폼(Shorts-form)이란, 15초에서 1분 남짓한 길이의 동영상 콘텐츠를 말한다. 틱톡, 인스타그램의 릴스와 비슷한 개념으로 보면 된다. MZ세대를 겨냥하고 중국의 틱톡과의 경쟁에서 승리하기 위해 출시되었다고 해도 무방하다. 인도 개발자에 의해 2020년 초기 버전으로 나왔고, 2021년 3월 미국에서 베타버전이 출시되었으며 머지않아 정식 버전으로 나올 예정이다.

쇼츠는 세로 영상 9:16, 1080×1920의 해상도를 사용하고 제목 마지막에 #shorts를 표기하거나 설명란에 꼭 넣어야만 쇼츠 플랫폼으로 업로드된다. 1분 미만의 영상이라서 2022년 3월 기준 광고 수익 활동은 되지 않고 있지만 2022년 말까지 인기 창작자들에게 현금 보상을 해주고 있다.

▷▷ 그렇다면 유튜브 쇼츠는 어떤 사람들에게 유리할까?

오랜 기간 조회수와 구독자가 낮은 유튜버, 특히 초보 유튜버들에게 굉장히 유리하다. 업로드 후 48시간 동안 노출되고 있으며, 구독자 대비 차별적으로 노출되지 않는다. 그러므로 조회수를 늘릴 수 있고, 이에 따라 구독자들도 많이 유입할 수 있는 이점이 있다. 업로드하기에도 비교적 수월하기 때문에 초보 유튜버들이라면 쇼츠 사용을 추천한다.

다만, 1분 이내의 영상이라서 부담감이 적다는 이유로 쇼츠만 올리려 한다면 이건 곤란한 일이다. 시청 시간 카운팅이 전혀 되지 않기 때문에 반드시 일반 동영상과 쇼츠 동영상을 병행해서 업로드하길 바란다.

쇼츠 동영상 업로드 방법은 두 가지가 있다. 첫 번째는 영상을 즉석 촬영(최대 15초)해서 약간의 텍스트와 음악을 저장한 후 유튜브에 업로드하는 방법이고, 두 번째는 일반 동영상을 올리는 방법처럼 영상을 편집해서 업로드하는(최대 60초 이내) 방법이다.

여건에 따라 다양한 방법으로 업로드해보는 것도 즐거움을 더할 수 있다. 동영상을 편집해서 업로드하는 방법은 일반 동영상을 업로드하는 것과 같으므로 즉석 촬영하여 업로드하는 방법만 소개해보겠다.

1. 하단 중앙에 있는 +버튼을 클릭한 후 'Shorts 동영상 만들기'를 터치한다.

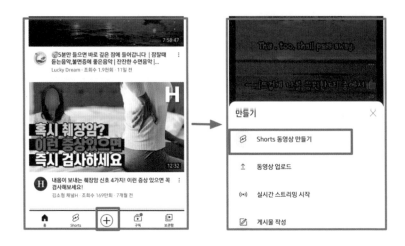

2. 중앙 하단에 있는 버튼을 클릭해서 촬영 후 우측 하단에 있는 확인 버튼을 터치
   한다.

유튜브로 당신의 삶을 리디자인하라

3. 좌측 하단에 있는 '텍스트' 기능을 터치하여 간단하게 제목 입력 후 색깔도 선택
할 수 있다.

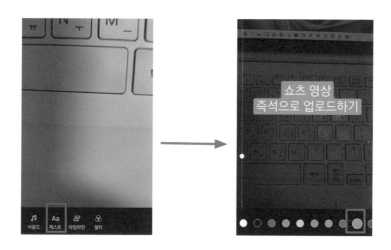

4. 좌측 하단에 있는 '사운드'를 터치하여 음악을 설정할 수도 있다.

5. 음악을 들어본 후 우측 파란색 화살표 터치하면 좌측 하단에 사운드가 음표 썸네일로 저장된 것을 확인할 수 있다.

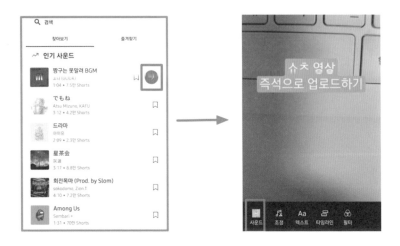

6. 하단에 있는 'Shorts 동영상 업로드'를 터치한 후 잠시 후에 '내 채널' 동영상에 들어가 확인하면 업로드된 것을 확인할 수 있다.

#. 주의사항

쇼츠썸네일은 모바일에선 지원되지 않는다(22년 3월 기준) 번거롭더라도 PC에서 진행하기 바란다.

유튜브로 당신의 삶을 리디자인하라

시를 활용하여 성우 보이스로 녹음하기♥ ↱ ⋯

키네마스터 동영상 편집기 내에도 음성을 변조하는 기능이 있지만 다양한 방법을 통해 녹음해보는 것도 좋다. AI 보이스로 텍스트 음성을 합성 변환할 수 있는 '클로바더빙'이라는 도구를 활용해보자.

1. 구글 검색창에서 '클로바더빙'을 검색한 다음 클릭한다.

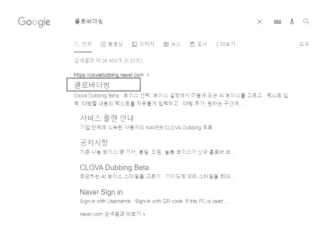

2. '클로바더빙 시작하기'를 클릭한다.

3. 간편 로그인, 약관 인증을 한 후 다음 4번 화면으로 들어온다.

유튜브로 당신의 삶을 리디자인하라

4. 번호 순서대로 입력하거나 클릭한다.

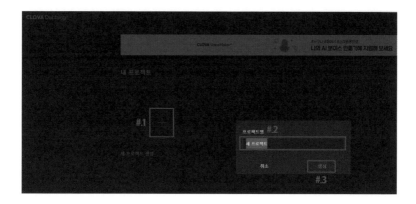

5. 미리 녹화해둔 동영상을 추가해서 AI 음성으로 더빙해보기로 한다. 번호 순서대
   로 진행한다.

★Tip★
동영상이나 PDF를 추가하지 않고, 보이스만 필요하다면 아래 7번 과정부터 진
행하면 된다.

6. 동영상을 추가하면 하단 '타임라인'에 동영상 클립이 생성된다.

7. 'N보이스 설정'에서 성우 보이스를 색인한 후 #1을 클릭하면 어떤 성우 보이스
로 할건지 선택할 수가 있다. #2에 더빙하고자 하는 텍스트를 입력한 후 #3 미
리듣기를 해본다. 마음에 든다면 #4 +더빙 추가를 한다.

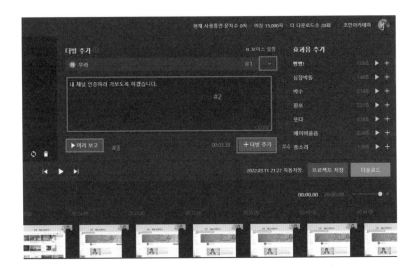

　　　　　　　　　　　　　　　　　　　유튜브로 당신의 삶을 리디자인하라

8. 동영상 하단에 플레이 버튼을 클릭하여 보이스 더빙을 확인한다.

9. 우측 상단에 있는 +버튼을 활용하면 '효과음'도 추가할 수 있다.

10. 우측에 있는 '다운로드'를 클릭하면 '주의사항 안내'에 관한 팝업창이 열린다.
    확인 후 '폴더 열기 → 바탕 화면'에 저장해서 작은 용량인 경우엔 카톡 '나에게
    보내기 → 카톡에서 저장 → 키네마스터 미디어'에서 불러오기를 하면 된다.

11. 삭제하고 싶을 땐 하단 타임라인에 불러와 있는 클립 우측을 클릭한다.

유튜브로 당신의 삶을 리디자인하라

귀여운 캐릭터로
가면 쓰는 법 이용하기

얼굴 공개하는 것이 불편한 분들이라면 얼굴 모자이크 처리하는 것보다 이 방법을 활용해보는 것을 추천한다. SNOW 모바일 앱을 활용해보자.

1. 좌측 하단에 있는 '이펙트' 터치 → 카테고리를 좌측으로 밀면 보이는 'AR이모지'를 터치한다.

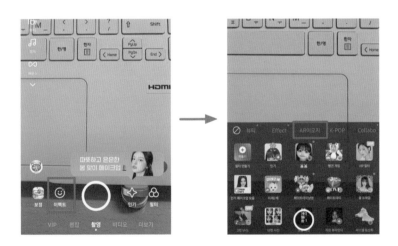

2. 스마트폰 하단에 있는 꺾쇠 모양(〈)을 터치한 후 우측 상단에 있는 카메라 모양 터치해서 카메라 방향을 '전면 모드'로 전환한다. 스마트폰 기종에 따라 다르게 보일 수 있다.

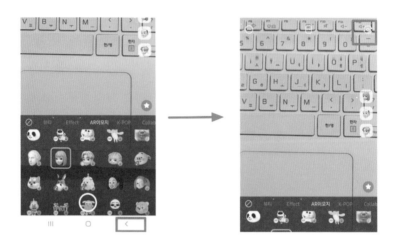

3. 공중 부양하고 있는 모습이 불편하면 배경 화면에 터치하면 여러 형태의 배경으로 바뀌어서 원하는 것을 선택할 수 있다. 중앙 하단에 있는 '비디오'를 터치한다.

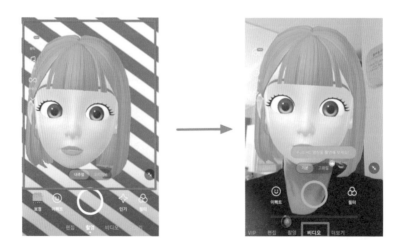

4. 상단에 있는 '음악 추가' 기능을 설정할 수 있다. 음악의 길이만큼 비디오 촬영이 가능하다. 마음에 드는 음악을 결정했다면 '사용 및 촬영시작'을 터치한다. 여기서 제공하는 음악은 유튜브에 업로드해도 저작권에 위반되지 않는다. 단, 릴스에서 사용했던 음악은 일정 부분 이상이 되면 유튜브에 업로드했을 때 자동 끊김 현상이 발생한다.

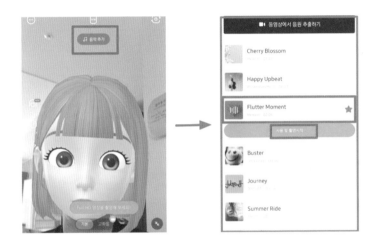

5. 동영상 촬영 속도 조절도 가능하며 필터 효과도 다양하게 활용해보길 바란다. 중앙 하단에 있는 저장 버튼 → 확인 버튼을 터치하면 '내 갤러리' SNOW 폴더에 저장되어 있다.

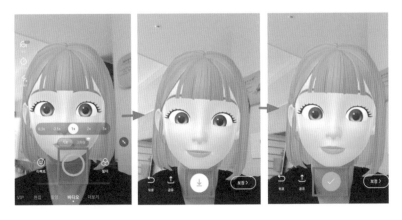

실시간 스트리밍하기

계정 인증 과정을 거치게 되면 실시간 라이브 방송이 가능하다. PC에 웹캠이 있으면 별도의 인코딩 프로그램(Xsplit, OBS/유튜브로 송출하기 위한 소프트웨어)을 설치하지 않아도 손쉽게 라이브가 가능하다.

여기서 인코딩(Encoding)이란, 컴퓨터 정보의 형태나 형식을 표준화, 보안, 처리 속도 향상, 저장 공간 절약 등을 위해서 다른 형태나 형식으로 변환하는 것을 말한다. 또한 라이브를 하기 위해서는 '24시간' 전에 사전 활성화 과정을 거쳐야 한다.

실시간 스트리밍하기 위해 사전 활성화 과정부터 진행해보자.

1. 내 채널 홈으로 들어와서 #1을 클릭 후 #2를 클릭한다.

2. 사전 활성화를 해두면 실시간 24시간 이후부터 스트리밍 기능을 이용할 수 있다.

▷▷ 웹캠으로 실시간 스트리밍하는 방법

1. 우측 상단에 있는 카메라 모양을 클릭 후 '실시간 스트리밍 시작'을 클릭한다.

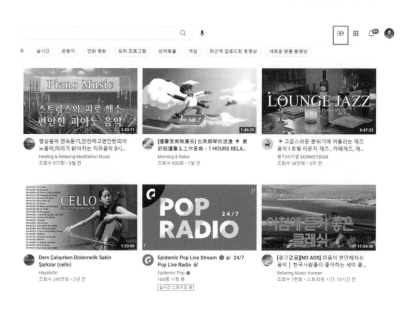

2. 라이브 관제실에서 '시작'을 클릭한다.

3. 내장 웹캠의 '이동' 버튼을 클릭한다.

유튜브로 당신의 삶을 리디자인하라

4. 마이크와 카메라 사용에 '허용'을 클릭한다.

5. 실시간 스트리밍하기 전에 세부 정보를 미리 적어두는 게 좋다. 제목과 설명란을 적는다.

6. 맞춤 미리보기(썸네일)를 채워 넣고, '아니오, 아동용이 아닙니다'(필수사항)에 클릭한다.

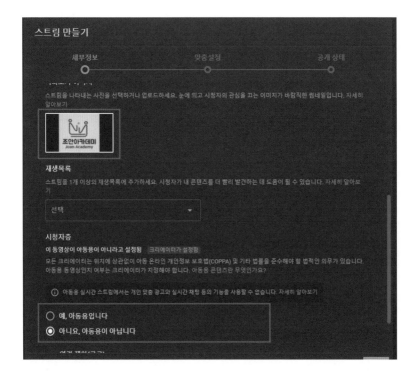

7. 맞춤 설정에 체크 후 '다음'을 클릭한다.

8. 혼자서 연습해볼 때는 반드시 '비공개'로 표시했는지 확인해야 한다. 채팅창에 업로드되는 채팅 속도를 테스트해보고 싶을 때는 '일부 공개'로 설정한 다음 실시간 스트리밍 URL은 카톡으로 전송해서 활용한다.

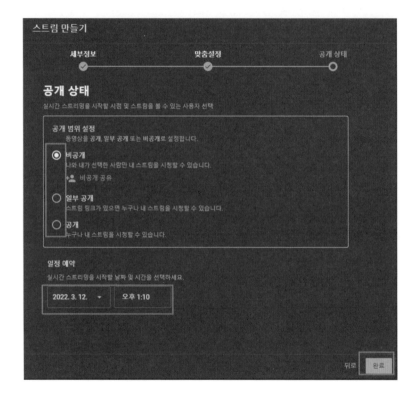

유튜브로 당신의 삶을 리디자인하라

9. '스트림 미리보기'를 통해 제목 수정이 가능하고 카메라와 마이크 설정을 한 후 우측 하단에 있는 '시작'을 클릭한다.

10. 하단 중앙에 공유하기 버튼을 클릭해서 실시간 스트리밍에 참여할 사람들에 게 URL 링크를 보낸다. 종료하고자 할 때 중앙 하단에 있는 '스트림 종료'를 클릭하면 실시간 방송이 종료되며 공개 형태(비공개, 일부 공개, 공개)에 맞게 유튜브에 자동 업로드된다. 실시간 방송했던 영상은 자동 업로드된다.

[내 채널 → 동영상 관리 → 실시간 스트리밍]에 가면 확인할 수 있다. 스튜디오 내에서 간단하게 수정 편집도 가능하다.

▷▷ 프리즘 라이브 스튜디오 활용법

다음은 네이버에서 계발한 '프리즘 라이브 스튜디오'라는 도구에 대해서 알아보겠다. 이는 PC와 모바일에서 앱을 다운받아 유튜브 계정과 연동만 되면 쉽게 사용할 수 있다. 이 도구의 최대 장점은 다중 송출이 가능하다는 것이다.

유튜브로 당신의 삶을 리디자인하라

1. Play store에서 '네이버 프리즘'을 설치 후 간편 로그인한다.

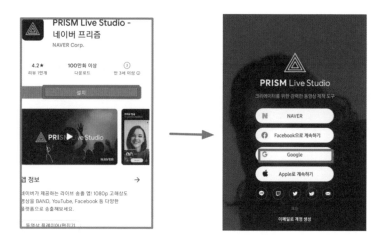

2. 앱을 사용하기 위해 권한 허용 → 사진 촬영, 동영상 녹화를 허용한다.

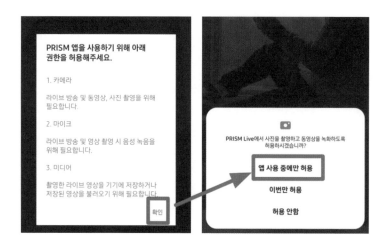

3. 녹음, 사진 및 미디어 액세스에 '허용'을 터치 → 크로마키 배경설정 확인을 터치
   한다.

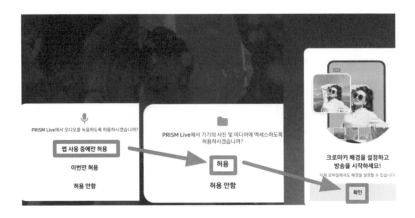

4. 스마트폰으로 촬영하는 화면을 PC로 연동할 수 있다. 'Connect'를 터치하면 PC
   에 QR코드가 생성된다. 스마트폰으로 생성된 QR코드를 찍으면 PC와 모바일이
   연결된다. 이때 WIFI는 동일해야 한다. 왼쪽 상단에 있는 점 세 개(…)를 클릭하
   여 '전면 카메라 좌우 반전 사용, 라이브 후 동영상 자동 저장'기능을 활성화한다.

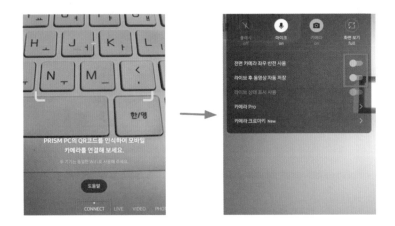

유튜브로 당신의 삶을 리디자인하라

5. '채널을 선택하세요' 옆에 있는 꺾쇠 모양을 터치 후 채널을 선택한다. '플랫폼 선택'은 다중 송출할 플랫폼을 확인하는 곳이다. 전체 공개로 할 건지 일부 공개 (미등록), 비공개(개인만 볼 수 있음)로 할 건지 선택 후 확인을 터치한다.

6. 라이브 제목과 설명 추가를 번호순에 맞게 작성한다.

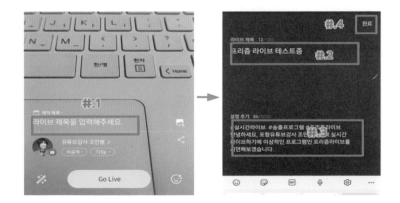

7. 화면을 왼쪽으로 skip 하면 위와 같은 추가 기능들을 사용할 수가 있다. 텍스트 편집을 활용해서 채널 이름, 라이브 방송의 제목 등을 입력할 수 있다.

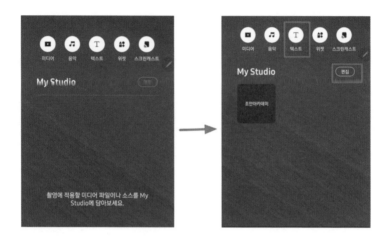

8. 채팅 위젯도 선택해서 사용할 수가 있다.

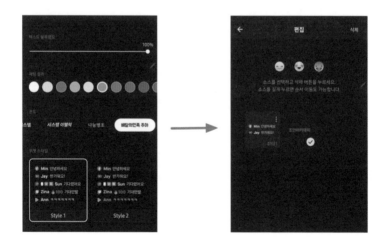

유튜브로 당신의 삶을 리디자인하라

9. 하단 중앙에 있는 'VIDEO' 기능은 녹화 동영상으로 간단하게 편집도 할 수 있다. 하단 중앙에 있는 원을 터치하면 동영상 녹화가 가능하다. 우측 상단에 있는 프로필 사진을 터치하면 녹화 비디오 영상을 확인할 수 있다.

10. 우측 상단에 있는 '편집'을 터치한 다음 하단에 편집할 수 있는 타임라인이 생성된다. 'cc'는 자동 자막 기능이 있다.

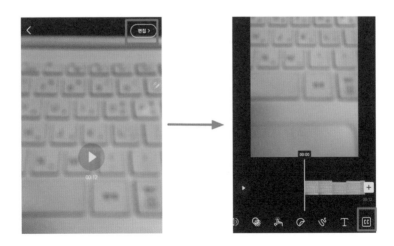

11. 좌측 하단에 있는 +버튼을 터치하고 'CLOVA 자동 자막'을 터치하면 자동 자막 기능을 활용할 수가 있다. 우측 하단에 있는 확인 버튼 터치 후 우측 상단에 있는 '저장'을 터치한다.

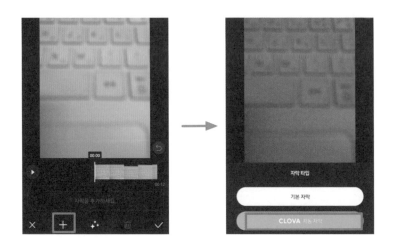

유튜브로 당신의 삶을 리디자인하라

황금알을 낳는 키워드 찾는 방법

유튜브는 검색엔진 기반 시스템이라서 시청자들이 검색할만한 키워드가 무엇인지에 대해서 자신의 채널 콘텐츠와 연관 지어 연구할 필요가 있다.

▷▷ **첫째, 키워드 리스트를 작성한다.**

다양한 각도에서 자신의 콘텐츠와 관련된 키워드를 모은다. 여러 사람의 시각으로 키워드를 생각하는 것이 효과적인 키워드들을 구축하는 가장 유용한 방법이 된다.

▷▷ **둘째, '키워드 도구' 기반 시스템을 활용한다.**

구글에서 제공하는 서비스로 '키워드도구'와 '키워드 툴'을 사용하고, 네이버에서 제공하는 서비스로 '네이버 광고'를 사용한다.

각 키워드 도구를 활용한 네이버 광고 사용법에 대해 살펴보자.

㉮ 키워드 도구 활용

㉮-1. 구글 검색창에서 '키워드 도구'를 검색하고 사이트에 접속한다. 인기 연관키
　　워드를 확인할 수 있다.

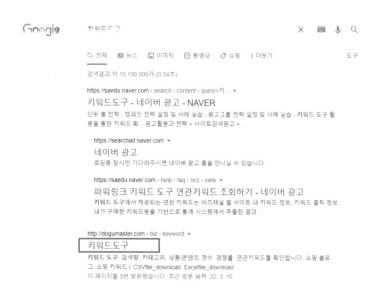

㉮-2. 키워드 도구 검색창에 검색어를 입력하면 인기 연관키워드가 제공된다.

㉔ 키워드 툴 활용

㉔-1. 구글 검색창에서 '키워드 툴'을 검색해 사이트에 접속한다.

㉔-2. '유튜브' 카테고리를 클릭한 후 검색창에 찾는 키워드를 입력하면 연관키워드가 제공된다.

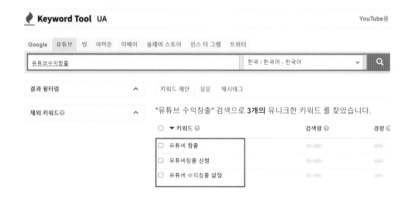

㉓ 네이버 광고 활용

㉓-1. 네이버 검색창에서 '네이버 광고'를 검색해 접속한다.

㉓-2. 로그인한다. 키워드 도구, 키워드 툴은 로그인하지 않아도 이용할 수 있다.

㉔-3. '광고시스템 바로가기'를 클릭한다.

㉔-4. 도구 카테고리에서 '키워드 도구'를 클릭한다.

㉯-5. 찾고 싶은 키워드를 입력한 후 '조회하기'를 클릭한다.

㉯-6. 제공되는 연관키워드 중에서 자신의 영상과 해당이 되는 키워드를 사용한
다.

전체추가	연관키워드 ⑦		월간검색수 ⑦		월평균클릭수 ⑦		월
			PC	모바일	PC	모바일	PC
추가	유튜브수익창출		880	3,100	1	1	0.13
추가	유튜브구독자늘리기		960	2,540	13.4	130.5	1.55
추가	유튜브조회수늘리기		1,050	3,310	12.5	97.5	1.34
추가	유튜브광고		3,460	3,920	23.9	29.8	0.77
추가	유튜브홍보		480	620	3.5	9.8	0.77
추가	유튜브마케팅		420	220	4	4.8	1.02
추가	유튜브구독자		560	1,770	6.5	46.6	1.23

유튜브로 당신의 삶을 리디자인하라

▷▷ 셋째, 시장을 관찰한다.

키워드 도구들을 활용해서 제공되는 연관키워드를 사용했다 할 지라도 시장에서의 동향은 꼭 살펴야 한다. 유튜브 스튜디오 안에 서 제공하는 '애널리틱스(채널 분석)'를 통해 시청자들의 도달 범위 (트래픽 소스, 상위 외부 소스, 상위 유튜브 검색어), 참여도(시청 시간), 시청자층(재방문 시청자, 신규 시청자, 시청자가 유튜브를 이용하는 시간 대)을 주기적으로 확인한 후 객관적인 데이터에 의하여 수정 및 보 완한다.

구독자를 늘리기 위한 7가지 방법

초보 유튜버들이 6개월도 채우지 못한 채 그만두는 보편적인 이유가 바로 구독자 수의 정체현상 때문이다. 자신이 크리에이터로서의 재능이 없어서도 아니고 콘텐츠의 내용이 좋지 않아서도 아니다. 단지 방법을 몰랐을 뿐이다. 필자가 지금부터 공개하는 내용들은 유튜브 관련 도서들, 성공한 유튜버들의 경험담 그리고 필자가 직접 경험해 본 후 타당성이 있는 내용들만을 모아 소개해보려 한다.

▷▷ **첫째, 자신이 활동하고 있는 SNS(블로그, 인스타그램, 페이스북)와 카페, 각종 동호회 커뮤니티에 적극적으로 홍보한다.**

"내 채널에 영상이 많아지면 주변에도 홍보할래요." "지금은 많이 어설프고 부족해서 좀 더 자연스러워지고 스스로 떳떳해지면 그때 얘기할래요." "아직은 부끄러워서 말을 잘 못 해요." 등 다양한 이유로 자신의 채널 홍보를 꺼리는 이들이 많다.

그럴 필요 없다. 유튜브 채널을 개설하고 첫 영상을 업로드했다는 자체부터 칭찬받을만한 일이다. 당당하게 주변에 어필할 수 있

유튜브로 당신의 삶을 리디자인하라

어야 내 채널 콘텐츠는 성장하게 된다. 처음부터 전문가 수준의 크리에이터는 0.01% 수준에 불과하다. 모두가 시작은 작고 어설프게 했다.

▷▷ 둘째, 매력적인 썸네일을 만든다.

유튜브 영상을 업로드했을 때 처음 피드에 썸네일이 노출되는 시간은 2~3초 정도가 된다. 그 짧은 시간에 불특정 다수의 시청자에게 내 영상을 클릭할 수 있게 하려면 '썸네일의 역할'이 커진다. 약간은 관종적으로 시청자들의 호기심을 유발할 만한 썸네일 사진과 제목은 필요하다. 영상의 내용과 전혀 해당 사항이 없는 제목을 넣는 건 필히 자제해야 한다. 어그로(aggro)를 끌기 위한 제목은 시청자들에게 실망감을 주기 때문이다.

▷▷ 셋째, 관련 동영상에 추천될 수 있도록 태그를 연구한다.

내 채널과 관련성 있는 크리에이터 영상을 구독하고 그 채널을 벤치마킹하는 게 필요하다. 모든 창조는 모방에서부터 시작된다. 관련성 있는 크리에이터는 어떤 패턴으로 내용을 전개하는지 주로 쓰는 태그는 무엇인지 등에 대해 관찰하고, 그 채널에 관심을 두고 있다는 식의 댓글을 성실히 달아둘 필요도 있다. 이러한 일을 반복적으로 하다 보면 관련 크리에이터 영상에 나의 영상이 관련 동영상으로 추천될 확률이 높아진다. 유튜브 알고리즘이 이런 식으로 시스템화되어 있기 때문이다.

▶▶ 넷째, 키워드 도구, 키워드 툴, 네이버 광고 툴과 유튜브 자동 연관검색어 등을 참조해서 키워드를 잡는다.

유튜브는 철저한 검색 시스템으로 기반이 되어 있다. 시청자들이 검색할 만한 키워드에 대해 고민하고 객관적인 데이터를 활용해 키워드를 적용한다면, 좀 더 많은 이들에게 영상이 노출될 수 있고 구독자와 조회 수 또한 기대할 수가 있다.

▶▶ 다섯째, 계절 및 특정 테마에 해당하는 키워드를 활용한다.

시대적, 계절적인 흐름에 따라 그때그때 이슈가 될 만한 키워드가 내 채널 콘텐츠와 연관성이 있다면 적극적으로 활용해보는 게 좋다.

예를 들어 꽃과 식물에 관한 콘텐츠를 다루는 채널이라면 '발렌타인 데이 때 놓치지 말아야 할 선물은?'이라는 제목을 썼다고 하자. 여기서 키워드는 '발렌타인 데이'와 '선물'이다. 보통 발렌타인 데이 하면 먼저 떠오르는 것이 '초콜릿'이다. 유튜브를 검색해 보아도 핸드메이드 초콜릿에 관한 영상이 많이 나온다.

여기에 생각을 조금 추가해서 초콜릿을 넣은 꽃다발이나 꽃바구니를 만드는 방법에 대해서 영상을 찍어 올린다면 조회 수를 기대해볼 만하다. 특정 시즌이나 계절에 어울릴만한 키워드를 적절히 활용해보길 바란다.

▷▷ 여섯째, 일관성 있는 콘텐츠로 초기 기반을 다진다.

내 채널의 정체성이 자리 잡을 때까지는 최소한의 시간과 영상의 개수가 필요하다. 우연히 내 영상을 하나 보았던 시청자가 내 채널 홈에 들어왔을 때 '이 채널은 ○○한 채널이구나!'라는 걸 인지하고 자신이 원하던 콘텐츠라면 구독할 확률이 높아진다.

초반 채널에 이것저것 다양한 영상물이 있다면 채널의 정체성을 표현하는 데는 한계가 있다. 초기 6개월 정도는 일관성 있게 한 가지 콘셉트로만 가자. 최소한 일주일에 두 개 정도의 영상을 올린다고 가정했을 때 50개 정도가 될 때까지이다. 그 이후가 되면 재생목록을 만들어서 자신이 해보고 싶은 다른 분야도 조금씩 확장하면 된다. 이왕이면 메인 콘텐츠와 연관성이 있으면 더 좋다.

필자의 콘텐츠 키워드는 '좋은 습관 만들기'와 '자존감', '유튜브 크리에이터'이다. '성공'이라는 큰 카테고리 하위 개념으로 좋은 습관을 만들어 내 몸에 정착시키다 보면, 자존감은 상승하게 된다.

결국 건강한 자존감으로 인해 선한 영향력을 주는 유튜브 크리에이터가 될 수 있다. 그것이 내 콘텐츠의 목적이자 내가 최종적으로 생각하는 크리에이터의 소명인 것이다.

▷▷ 끝으로 꾸준히 콘텐츠를 업로드하는 것이다.

초기 1년 정도엔 자신이 업로드할 날짜(혹은 요일)를 채널 아트에 게재할 필요가 있다. 시청자들과의 약속이기에 그것만은 스스로 지키려 애쓰게 되고 그 노력이 1년을 지속할 수 있게 해준다. 구독자 1,000명이 되지 않아도 1년 이상 크리에이터 활동을 해왔다면 최소한 그만두지는 않게 된다. 내 채널을 구독하고 내 영상을 좋아해 주는 시청자가 있다고 생각하면 그 마음을 내려놓을 수가 없기 때문이다. 이러한 방법들을 다양하게 적용해 보면서 크리에이터 활동을 즐기며 할 수 있기를 바란다.

유튜브는 장기전이다. 자신이 이뤄보고자 하는 큰 그림을 그려보고 그것을 천천히 이뤄나갈 수 있는 여유 있는 마음을 갖자.

유튜브로 당신의 삶을 리디자인하라

제4장

당신의
소명을 찾아가라

자기성찰의 시간을 통해
현주소를 수시로 체크하라

♥ ➤ ⋯

　자기성찰(自己省察)이란 말이 있다. 사전적인 의미로는 '자기 자신의 마음을 돌아보며 반성하고 살피는 것'을 말한다. 자신의 감정과 생각을 바로 알 수 있기 때문에 자신을 돌아보고 깊게 분석하여 이를 조절할 수 있게 된다. 자신을 객관적으로 볼 수 있는 힘이 있기에 자기 삶에 대한 깊은 이해와 공감을 비롯한 통찰이 가능하다. 내적 물음이라 할 수 있는 자기성찰은, 자신의 중요성을 타인에게 강조하는 편협하거나 이기적인 의식 상태에서 벗어나기 위한 기초적 요인이 된다. 결국 성숙한 인간으로서 원숙한 삶을 영위할 수 있게 하여 건강한 정신에 이르게 한다.

　내 마음과 내 생각의 흐름을 살피고 또 살피면서 마음공부를 해나가면 이 마음을 자유자재로 사용하는 실력도 그만큼 향상된다. 수많은 경험과 잦은 실패를 통해 삶의 문제를 풀어가는 능력을 배양하다 보면 수난에 대한 삶의 굳은살도 갖춰지게 된다. 마치 내 삶의 훈장과도 같은 그것을 말이다. 그러한 경험에서 우리는 삶의 지혜를 발견하게 되고 똑같은 실수와 실패는 피할 수 있게 된다. 이러함은 마침내 '자기성찰'의 본질일 수 있다. 자기성찰을 위한 방법으

　　　　　　　　유튜브로 당신의 삶을 리디자인하라

로 명상법이나 호흡법, 분노·짜증·화 등 부정적인 자기감정을 관리하는 훈련 등 다양한 방법이 있다.

필자는 자기성찰의 방법으로 '맨발 걷기'와 '묵주기도'를 하고 있다. 맨발 걷기는 땅과의 직접적인 호흡을 통해 내 마음의 찌꺼기들을 분해할 수 있게 된다. 자연 앞에 인간은 한낱 피조물에 불과하다. 나는 마음 정리가 안 되고 생각이 복잡해질 때면 무작정 맨발로 걷는다. 만 보 가까이 걷다 보면 몸에서 땀이 나고 산만했던 감정들도 질서를 갖추게 된다. 따라서 내 안의 나에게 좀 더 집중할 수 있고 자연 앞에 겸손해진다.

또한 매일 묵주기도 하는 시간을 통해 신 앞에 나를 낮추고, 내 안을 점검하기에 나는 매일매일 새로워진다. 서양 고전 문헌학자 김헌 교수가 사순절(四旬節) 동안 자신과 대면하며 예수와 함께 한 40일간의 질문 시간을 기록한 자기성찰 에세이로 『질문의 시간』이 있다. '1년에 한 번쯤은 살아 있음이 무엇인지? 나는 누구인지? 무엇을 위해 삶을 살아야 하는지?'에 대해 고찰하며 나를 되돌아보는 질문의 시간의 필요성을 전하고 있다.

'유튜버'는 누군가에게 긍정적인 에너지를 전해주는 선한 인플루언서여야 한다. 왜냐하면 유튜버는 공인이기 때문이다. 지식과 겸양을 갖추고, 나를 챙기는 것을 넘어 타인도 섬길 줄 아는 너그러움을 소유해야 한다. 이러한 과정들은 자기성찰의 시간을 통해 닦아지고 길러진다.

자기 확언은
긍정에너지의 발원지이다

❤ ➤ ⋯

유튜브 크리에이터 활동을 포기하지 않고 꾸준히 지속시켜가는 데 있어서 가장 필요한 요소는 바로 '자존감'이다. 나 스스로 나에 대해서 인정하고, 나에 대한 존엄성의 가치를 수용할 수 있을 때 유튜브 운영 또한 즐기면서 해낼 수 있다. 이러함을 가능케 하는 것 중 하나가 '자기 확언'의 과정이다.

자기 확언이란 내 신념에 대한 긍정적인 자기 암시를 말한다. 이 것은 목표 달성을 위한 일종의 포괄적 계획이고 내가 그것을 이룬다는 내적 신념을 구축하는 일이다. 다시 말해 "내가 원하는 것은 ○○○이며, 이것을 반드시 해내고야 말겠다."라는 일종의 선언이다.

확언은 수천 년 전부터 철학자, 종교 지도자, 작가, 정치가들이 자기 계발의 방법 또는 동기부여의 수단으로 활용해 왔다. 1940년 나치 독일이 유럽을 초토화하던 시기에 처칠이 "우리는 해변에서 그들을 맞아 싸울 것이다."라고 한 연설은 영국민의 국난 극복 의지에 불을 댕긴 확언이었다. 또 1961년 미국의 존 F. 케네디는 대통령 취임 연설에서 "국가가 나를 위해 무엇을 할 수 있는지를 묻지 말고, 내가 국가를 위해 무엇을 할 수 있는지를 물어라."라는 확언으로 냉전 시대 미국의 국민 의식을 바꿨다. 이렇듯 확언은 내가 나를 목표지점으로 끝없이 몰아가는 방법이다. 분야를 막론하고 최고의 성과자들은 성공을 확언한다.

필자 또한 '자기 확언'을 생활화하고 있다. 말의 힘은 아주 강력하다는 것을 믿기 때문이다. 옛말에 '말이 씨가 된다'라는 격언도 있지 않던가? 내가 이루고 싶은 모습에 대해서 확언하고 그것이 이루어진 것처럼 내 모습을 시각화하면, 나의 잠재의식은 그것을 사실로 받아들인다. 따라서 잠재의식은 지금 나의 현실적인 여건들을 내 확언대로 설정한다.

말은 내 속을 비추는 거울이고, 내 미래의 씨앗이라고들 표현한다. 유튜버는 인플루언서라는 생각을 늘 기억해야 한다. 자기 긍정의 에너지를 불어넣어 줄 수 있는 강력한 도구를 한번 사용해보자. 자기 확언을 만들 때는 부정적인 표현이 아니라 긍정적인 표현으로 한다.

"나는 많은 사람 앞에서 자기 소개할 때 버벅거리지 않는다."라고 확언한다면 우리의 잠재의식은 '버벅거린다'에 집중하게 된다. 잠재의식은 부정어를 인식하지 못한다. 꾸준한 자기 확언 과정을 통해 내 안에 긍정적인 생각을 넣고 부정적인 생각은 공간에 자리하지 않게 하자. 결국은 반복만이 내가 원하는 것을 갖게 할 수 있다. 우리에겐 무한한 잠재의식이 있다. 내 안에 존재하고 있는 엄청난 거인의 힘을 믿어보자.

"나는 참 운이 좋은 사람이다. 내가 업로드하는 영상들은 많은 사람에게 선한 영향력을 주고 있다. 내 영상으로 인해 희망을 품는 이들이 많다. 나는 꽤 능력 있는 유튜버다. 많은 사람이 나를 좋아한다. 나는 오늘도 성장해가고 있다. 나는 참 멋있는 유튜버다."

이러한 말이 자신에겐 멋쩍고 많이 어색할 수도 있다. 왜냐하면 평소에 이런 말을 해보지 않았기 때문이다. 하지만 하지 않을 이유가 없다.

"누구를 위해서? 바로 나 자신을 위해서!"

여러분 자신을 위해서 해보는 거다. 일주일만 해보라. 가슴 밑바닥에 있던 자존감이 꿈틀대며 머리를 위로 올릴 것이다. 나의 자존감은 나 스스로 만들어 가는 것임을 기억하자. 나를 사랑해주는 사람도 나의 자존감을 올려주는 데는 한계가 있다. 지하에 있는 자존감을 지상으로 올려줄 이는 바로 나 자신뿐이다. 언제 어디서든 당당하게 나를 지켜주고 든든하게 받쳐줄 자존감을 키우는 데는 '자기 확언'이 꽤 괜찮은 훈련이 되어주니 여러분들도 과감하게 해보길 권한다. 결국엔 내 믿음이 전부다.

완벽함이 주는 함정

필자에게 유튜브를 배웠던 수강생이 교육이 끝난 이후에 유튜브 채널을 지속해서 운영하지 못하는 이유는 '완벽성'을 내려놓지 못해서이다.

> "영상 편집이 아직은 서툴러서 좀 더 잘하게 되면 채널에 영상 올릴게요."
> "어떤 콘텐츠로 시작해야 할지 아직 명확하지 않아서 확실하게 정해지면 그때 할게요."
> "카메라 울렁증이 있어서 이상하게 카메라만 켜면 말을 못 하겠어요. 아직 마음의 준비가 덜 됐나 봐요."

수강생들이 유튜브 영상 업로드를 꺼리며 말한 내용들이다. 결국은 완벽하게 해내려는 삶의 패턴들이 그들의 발목을 잡고 있어서 첫발은 나와 함께 떼었지만 두 번째 발 떼기를 제힘으로 못해내는 것이다.

어떤 일을 진행하는 데 있어서 '완벽함'이 존재하는 것일까? 그것은 우리 자신을 늘 힘들게 하는 명제이다. 자기가 만들어 놓은 '완벽'이라는 프레임 안에서 허우적대는 것이다. "이번에 만든 영상은 너무 잘 만들었어." "영상 길이도 적당해서 좋고, 내용도 아주 좋아." "영상 편집의 퀄리티 또한 완벽해." "이 영상으로 난 떡상할 수도 있어."라고 생각하며 업로드했던 영상이 의외로 조회수도 안 나오고 시청자들의 반응 또한 나의 기대를 채우지 못할 때가 허다하다.

우리는 이 점을 잘 유념해야 한다. 내가 생각하는 것과 상대가 생각하는 관점, 다시 말해 서로가 호감을 느끼고 판단하는 생각의 잣대가 다르다는 것이다. 나 스스로 완벽하게 해서 드러내 보였다 할지라도 상대는 그렇게 생각하지 않을 수 있다는 것이다. 거기에서 우리는 괴리감을 느낀다.

"나는 유튜버로서 재능이 없는 것일까?"
"왜 조회 수가 잘 나오지를 않는 것일까?"
"내 영상은 유튜브 AI가 노출을 잘 안 시켜주나?"

이러한 부정적인 생각들은 한 걸음 더 내딛고자 하는 나를 방해하기 시작한다. 잘 안되는 한 가지 이유가 두 가지를 낳게 되고, 그 두 가지는 결국 여러 가지 이유를 낳게 되어 급기야 '난 유튜브와 맞지 않나 봐'라는 자기 합리화가 유튜브를 지속시킬 수 없게 만든다. 이는 완벽함이 주는 함정이다.

유튜브로 당신의 삶을 리디자인하라

"우리의 결점과 약점들, 불운한 실수 등이 오히려 이롭게 작용하여 우리를 보다 창조적이고 탄력적으로 만들어 주며 결국은 우리의 삶을 더욱 효율적이게 한다."라고 『완벽함으로부터의 자유』[6]의 저자 베로니크 비엔느는 말한다. 불완전함은 엔트로피의 법칙에서 말하는 되돌릴 수 없는 퇴화의 과정을 완화시킬 수 있는 창조의 원동력이라고.

오늘날의 이상적인 아름다움은 이상적인 '자기다움'으로 대체되었다. 완벽함의 환상과 압박에서 벗어나는 길은 자기다움을 되찾고 인정하는 것이다. 언어 전달력이 조금은 어눌하더라도, 표정이 부자연스럽더라도 있는 그대로의 나의 모습을 아름답게 봐주어야 한다. 화려한 영상 편집 실력이 되지 않더라도 소중한 영상물 하나하나는 준비되는 대로 업로드해야 한다. 그렇게 실력이 쌓여 가는 것이고 지속해서 해나가는 근력을 키워가게 되는 것이다.

완벽하라고 종용하는 내 안의 모든 소리와 세상의 모든 것으로부터 자유로워지자. 진정 내가 아름다워질 수 있는 길은 바로 그것이다. 완벽해지고자 하는 그 마음 하나를 내려놓고 오로지 '나다운 나'에 집중하자. 진짜배기 나의 삶을 살자.

---

6   [베로니크 비엔느, 이혜경 엮음(2006, 나무생각)]

결국 해내는 사람들의 이야기
(모범 수강 사례)

   필자에게 유튜브 교육을 받고 각자의 소신으로 영향력 있는 채널을 운영해가고 있는 10명의 모범 수강생들의 이야기를 풀어보고자 한다.

🔔 양동할배

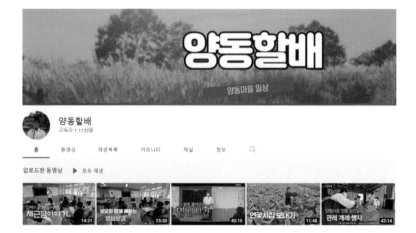

Q. 채널 개설 동기는?

A. 제가 살고 있는 양동마을의 다양한 이야기들을 공유하고, 60대의 삶을 이젠 기록에 남기고 싶어서 유튜브를 시작하게 된 채널입니다.

Q. 유튜브를 통해 이뤄가고 싶은 소망은?

A. 유튜브를 운영하면서 삶에 대한 새로움을 찾는 기회를 늘 발견하고 싶습니다. 훗날 손자 손녀들이 나의 기록물들을 보면서 나를 회상해주리라고 생각하면 마음이 훈훈해집니다.

Q. 유튜브 시작을 망설이는 분들에게 해주고 싶은 말은?

A. "시작이 반이다."라는 생각으로 일단 시작하고 나면 여러 가지 방향 설정이나 콘텐츠가 자연스럽게 정해지리라 생각됩니다. 유튜브를 시작하려고 했을 때 조안쌤을 만난 것도 하나의 행운이라 생각합니다. 유튜브에 대한 막연한 생각보다는 누구나 할 수 있다는 생각으로 일단 도전해보기를 권장합니다.

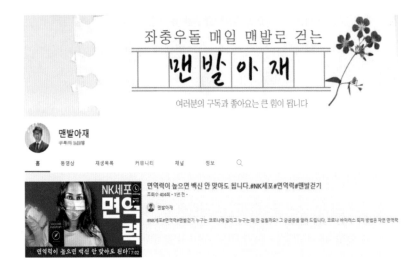

🔔 맨발아재

Q. 채널 개설 동기는?

A. 맨발 걷기를 통해 건강이 좋아졌습니다. 과학적으로도 증명이 된 맨발 걷기의 효능을 많은 분에게 전달하고, 건강 전도사가 되고자 채널을 개설하였습니다.

Q. 유튜브를 통해 이뤄가고 싶은 소망은?

A. 모든 병의 원인은 몸속 정전기와 활성산소라고 합니다. 그것을 빼줄 수 있는 유일한 방법은 '맨발 걷기'뿐입니다. 맨발 걷기로 변화된 나의 몸과 생각을 채널을 통해서 모든 분과 공유하려 합니다. 맨발 걷기를 한 후 암 치유 각종 중증질환 특히 고혈압, 당뇨, 수면장애, 수많은 질병이 빠른 시간에 치유되는 놀라운 효과를 발견하였습니다. 맨발 걷기의 중

요성을 영상을 통해 알리고 누구나 쉽게 접할 수 있는 운동을 더 많은 분에게 전파하여 모두의 삶이 건강해지는 것이 저의 목표입니다.

Q. 유튜브 시작을 망설이는 분들에게 해주고 싶은 말은?

A. '나도 할 수 있을까?'라는 생각이 자리하더라도 막상 시작하고 나면 재미도 있기에 누구나 할 수 있습니다. 50대 중반이 넘은 나이에 모든 것이 두려웠지만 "아빠, 대단하다"라는 딸아이의 말에 용기를 얻었고, 그것은 저에게 큰 격려가 되었습니다. 여러분, 망설이지 말고 지금 도전하십시오! 유튜브의 세계는 도전과 희망 그리고 행복입니다.

🔔 오분사주

Q. 채널 개설 동기는?

A. 일반인들이 어렵게 생각하는 사주 명리를 아주 쉽게 설명해 보고자 채
널을 개설하였습니다.

Q. 유튜브를 통해 이뤄가고 싶은 소망은?

A. 태양처럼 밝은 빛으로 세상을 밝히고, 따뜻한 열로 세상을 비추어 힘든
사람들에게 삶의 힘을 주고 싶습니다.

Q. 유튜브 시작을 망설이는 분들에게 해주고 싶은 말은?

A. 까이 꺼! 눈 딱 감고 시작하세요~!

유튜브로 당신의 삶을 리디자인하라

🔔 서유니 책 읽어주는 날

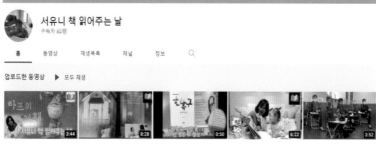

Q. 채널 개설 동기는?

A. 50대 중반에 할머니가 되었습니다. 문득 어릴 때 할머니가 들려준 옛
  날이야기가 귓전에 맴돌았습니다. "그렇다면 나는 어떻게 해야 할까?"
  라는 생각을 하다가 '손녀와 책을 통해 소통하고 손녀가 성장하는 과정'
  을 영상으로 담아보고 싶어 채널을 개설하게 되었습니다.

Q. 유튜브를 통해 이뤄가고 싶은 소망은?

A. 제 영상을 보는 중년의 할머니들도 아이들에게 책으로 좋은 영향을 전
  하는 행복한 세상이 되길 꿈꾸어 봅니다. 또한 새내기 엄마들이 영상에
  담긴 아기의 성장 과정을 알아가는 데 도움을 주고 아이들에게도 유용
  한 놀잇감으로 활용되길 소망합니다.

Q. 유튜브 시작을 망설이는 분들에게 해주고 싶은 말은?

A. "시작이 반이다."라는 말이 있듯이 고민하고 생각만 하지 말고 즉시 행동하십시오. 많은 이에게 좋은 영향을 주고 싶은 간절함이 있다면 자상함과 능력, 높은 에너지를 겸비한 조안쌤에게 문을 두드려보세요! 분명 여러분들의 삶에 또 다른 길이 새로운 세계로 안내할 것입니다.

유튜브로 당신의 삶을 리디자인하라

🔔 농사와 음악TV

Q. 채널 개설 동기는?

A. 농사지으면서 취미생활인 '기타와 트럼펫 연주'하는 모습을 공유하고
   싶어서 채널을 개설하게 되었습니다. 내가 잘할 수 있고, 즐길 수 있는
   것을 나눌 수 있어 좋습니다.

Q. 유튜브를 통해 이뤄가고 싶은 소망은?

A. 논이나 밭에 유튜브 스튜디오를 차리고 실시간으로 소통하는 콘셉트를
   이뤄보고 싶습니다.

Q. 유튜브 시작을 망설이는 분들에게 해주고 싶은 말은?

A. 꾸준함에 대한 '강박관념' 그리고 일상을 괴롭히는 '귀차니즘'에서 벗어 난다면 여러분들도 하실 수 있습니다. 많은 사람이 하는 데는 그 나름 의 이유가 있는 법이지요. 광고 수익 활동을 떠나서 그 이면의 세계를 경험해 보십시오.

🔔 강약살롱

Q. 채널 개설 동기는?

A. 일하는 엄마이자 영양학과 약학을 전공한 사람으로서 건강한 음식이 나의 근본이란 생각을 가지고 내가, 내 가족이 먹는 것에 대한 고민은 늘 있었습니다. 바쁘고 피곤한 경우가 많아 항상 집밥을 해줄 수는 없지만 그래도 시간 내서 요리할 때는 그 시간만큼은 가족과 나를 위해서 온 마음을 쏟고 싶었습니다. 건강, 즐거움, 아름다움이 어우러져 간편하게 할 수 있는 여러 가지 방법들을 모아 자료를 만들어보고 싶어서 채널을 개설하게 되었습니다.

Q. 유튜브를 통해 이뤄가고 싶은 소망은?

A. 주위에서 얘기합니다. 약사인데 유튜브에서 약에 관해 얘기해보는 게 어떠냐고. 일단 약은 불편하면 먹기 시작하는 것이고, 음식은 당장 '오늘 점심은 뭐 먹지?'부터 생각할 수 있으니 공감대가 넓은 주제라고 생

각해요. 메인 캐릭터와 부캐릭터가 있듯이 내 채널은 나의 부캐를 찾아가는 새로운 여정이고, 이 길에서 다이어트나 당뇨 식단을 고민하는 분들께 전문가로서 작은 도움을 드리고 싶습니다.

Q. 유튜브 시작을 망설이는 분들에게 해주고 싶은 말은?

A. 우리는 종종 남이 어떻게 판단할까를 은연중에 많이 생각해요. 내가 업로드하면 영상이 완벽해야 할 것 같고, 여기서부터 마음이 먼저 무거워지고 그러면 행동은 더 느려지고 그게 다시 '왜 하지 못할까?'하는 자괴감으로 되돌아옵니다. 채널을 오픈하고 영상을 공유하는 일은 나를 표현하는 일이고 나 스스로 나를 알아가는 새로운 과정이니 남들의 판단을 두려워할 필요는 없을 것 같아요. 결국 이러쿵저러쿵 말만 많이 하는 사람들은 자기가 해야 할 행동은 취하지 못하는 사람이니까요. 내 자식 같은 영상물에 대한 아이디어를 생각하고 어루만지고 공유하는 새로운 경험을 해 보세요.

🔔 포항모니카TV

Q. 채널 개설 동기는?

A. 매일 조금씩 성장하려고 노력하는 모습을 담아보고 싶어서 채널을 개
   설하게 되었습니다.

Q. 유튜브를 통해 이뤄가고 싶은 소망은?

A. 유튜브를 시작하면서 '성장'이라는 단어를 늘 가슴에 품게 되었습니다.
   어제와 오늘이 다른 나를 만나는 느낌, 그래서 소망은 계속 성장하는
   나를 만나는 것이라고 생각합니다.

Q. 유튜브를 망설이는 분들에게 해주고 싶은 말은?

A. 제가 주변에 유튜브를 권하면 "기계치다, 귀찮다, 어렵다" 이런 말을 많이 합니다. 저도 배우기 전에는 그렇게 생각했지만, 막상 해보면 그렇지 않음을 알게 됩니다. 낯선 프로그램에 대한 부담감과 귀찮음을 내려놓고 그냥 해보면 하게 됩니다.

한 번도 안 한 사람은 있어도 하고 안 한 사람은 없다 라는 유튜브! 저처럼 50대를 의미 있게 보내고 싶으시면 꼭 시작하시길 권합니다. 잘하려는 부담감은 내려놓아야 합니다. 매일 똑같은 영상을 올리더라도 분명 다른 나를 만나게 될 것입니다. 그냥 심플하게 시작하면 해집니다. 아이를 낳아 키워본 엄마라면 출산의 고통도 이겨냈는데 이것쯤이야…. 도전하시길 강추합니다!

유튜브로 당신의 삶을 리디자인하라

🔔 이재운 맨발걷기

Q. 채널 개설 동기는?

A. 2020년 간암 판정을 받고 수술 후 요양 중에 맨발 걷기로 그 효과를 입
   증하는 유튜브 영상을 보게 되었습니다. 그 인연으로 맨발 걷기를 시작
   하면서 저 또한 효과를 보게 되었기에 꾸준히 하게 되었습니다. 조금씩
   더 나아지는 제 생활에 활력을 찾으며 잠시 접어두었던 드론 강의, 드
   론 영상, 작품 사진 등을 올리며 하루하루 설레는 삶을 살고 있습니다.

Q. 유튜브를 통해 이루고 싶은 소망은?

A. 투병 생활을 하는 저로서는 반드시 건강해져서 예전처럼 사랑하는 가
   족들과 도란도란 저녁을 먹는 평화로운 삶을 생각해 봅니다. 꾸준한 맨

발 걷기와 식이조절, 긍정적인 마음가짐, 즐기는 유튜브 활동을 통해 저는 반드시 극복해낼 것입니다. 그리하여 저와 같이 투병 생활을 하고 있는 이들에게 '희망의 메시지'를 전하며 대한민국, 아니 전 세계인에게 저의 이름 석 자를 알리는 것이 작은 소망이기도 합니다.

Q. 유튜브 시작을 망설이는 분들에게 해주고 싶은 말은?

A. 유튜브를 시작한 지 얼마 되지 않은 저는 세 가지를 느낄 수 있었습니다. 1일 1영상 챌린지를 진행하게 되면서 '좋은 습관'을 만들 수 있었고, 그것에 대한 피드백을 스스로 해낼 수 있게 되었습니다. 꾸준한 영상 업로드를 통해 조금씩 실력도 업그레이드되어 가는 걸 발견하게 되면서 깊은 뿌듯함을 가지기도 했습니다. 누구에게나 기회는 오게 되어 있습니다. 그것을 인지하는 순간 바로 실행에 옮기는 것이 중요합니다.

유튜브로 당신의 삶을 리디자인하라

Q. 채널 개설 동기는?

A. 플라워 디자인과 반려 식물 관리, 그리고 플로리스트의 일상을 영상으로 전하고 싶어서 채널을 개설하게 되었습니다.

Q. 유튜브를 통해 이루고 싶은 소망은?

A. 첫째, 플로리스트로서 구독자들에게 꽃과 식물에 관한 전문지식을 전달하며 구독자들과 소통의 장을 만들어 가고 싶습니다.

둘째, 지금 운영 중인 플라워샵(꽃수레)을 유튜브 마케팅으로 접목하면서 사업의 매출 증가를 꾀하고, 다양한 분야와도 융합할 방법을 모색해 보고자 합니다.

Q. 유튜브 시작을 망설이는 분들에게 해주고 싶은 말은?

A. '멋진 영상을 준비해서 시작하리라'라는 생각보다는 '시작하면 길을 찾는 방법을 터득하게 될 것'이라는 걸 아셨으면 합니다. '부족하지만 즐기면서 하는 놀이'라 여기며 해보세요. 그래도 안 되면 조안쌤과 함께 해보세요.

유튜브로 당신의 삶을 리디자인하라

🔔 약초본가TV

Q. 채널 개설 동기는?

A. '약초본가'라는 건강원을 운영하고 있습니다. 약초에 관한 정보와 건강
한 건강즙 만들기에 관한 다양한 내용들을 공유하고 싶어서 채널을 개
설하게 되었습니다.

Q. 유튜브를 통해 이루고 싶은 소망은?

A. 유튜브 채널을 활성화시켜 산약초에 관한 지식을 공유하고 업장의 홍
보를 통한 매출 증대를 이뤄나가고 싶습니다.

Q. 유튜브 시작을 망설이는 분들에게 해주고 싶은 말은?

A. 몇 번 반복해서 들으며 용어도 익혀갔고, 급하지 않게 천천히 따라가다
보니 어느새 영상 편집하고 있는 저 자신을 보게 되었습니다. 55세 때

부터 망설이며 주저했던 시간이 너무 아까워 후회스러웠습니다. 망설

이지 마십시오. 늦을수록 더 후회합니다.

당신은 어떠한 인플루언서가 될 것인가?

현장에서 수강생들에게 가장 많이 하고 강하게 힘줘서 하는 말이 "당당하게 하세요!"이다. 유튜브 인플루언서는 당당하지 않으면 시청자의 사소한 말이나 악플에 흔들리게 된다. 당당할 수 없다는 것은 '걱정이 많다'라는 것이다. '내가 유튜버로서 잘 해낼 수 있을까?' '내가 영상 콘셉트를 잘 잡을 수 있을까?' '내가 영상 편집을 잘 할 수 있을까?' '학창 시절 친구들이 나이 들어 뭐 하는 짓이냐고 뒷담화하진 않을까?' 등등.

세상에 산재해 있는 모든 걱정들을 한 아름 안고 있다. '걱정'이라는 것은 수많은 병을 일으키는 원인이 되기도 하고 인간의 수명을 단축하는 가장 큰 요인이다. 결국 이것은 유튜버가 가져야 할 진취적인 기상을 꺾으려 한다.

최초로 본격적인 자기계발서를 만들어 낸 미국 작가 데일 카네기(Dale Carnegie, 1888.11~1955.11)는 말했다. "해마다 자살한 사람의 수가 5가지 흔한 전염병으로 죽은 사람을 모두 합친 수보다 많다.

왜 이런 현상이 나타날까? 바로 걱정 때문이다." 또한 그는 "걱정거리를 일으키게 된 문제를 파악하고 분석한 다음 내가 할 수 있는 것에 대해 결단하고 그것을 즉시 실천에 옮길 수 있을 때 걱정으로부터 자유로울 수 있다"고 했다.

일어나지도 않을 일에 대해서 미리 걱정하고 그것을 준비하는 시간을 갖는 것보다 차라리 그런 생각을 하는 시간에 지금 내가 할수 있는 것, 지금 내가 잘할 수 있는 것, 지금 내가 즐길 수 있는 것, 지금 내가 행복해질 수 있는 것들을 생각하며 그것에 관해 연구하고 계획해가는 것이 훨씬 더 생산적이다. 그러한 에너지들은 비슷한 에너지들을 끌어당기면서 더 강력한 힘을 만들게 한다.

유튜브 인플루언서의 길은 끝없이 나를 알아가는 과정이다. 지금의 내 모습이 영원해선 안 된다. 변함이 없다는 것은 성장하지 않고 있다는 것이다. 어쩌면 조금씩 변해가고 있는 내 모습을 나조차도 파악하지 못하고 있는지도 모른다. 우리 각자는 자신에게 한없이 관대하고 무던하며 관찰력이 둔하기 때문이다.

진정성 있는 유튜브 인플루언서가 되려면 '내 안의 나'와 밀접한 거리에 있어야 한다. 있는 그대로의 생각과 철학을 오픈해야 한다. 꾸밈에는 한계가 있다. 포장하고 또 포장하며 자신을 감싸는 건 필요 이상의 에너지를 요한다. 있는 그대로의 나를 보여줄 수 있을 때 우리는 진정 즐길 수 있다.

영상 콘텐츠를 준비해가는 과정에서 부족한 나를 발견하게 되면 거기에 안주하는 것이 아니라 더 성장하는 모습을 영상에 담아내기 위해 우리는 마음을 써야 한다. 일상의 작은 움직임이 반복을 더 해가다 보면 어느 순간 나는 꽤 괜찮은 내가 되어 있을 것이다.

> "움직임은 어제와 다른 나로 변신하는 길들임이다. 길들여진 내 몸은 움직임을 통해 어제와 다른 나로 변신한다. 변신한 몸은 당분간 길들여진 상태로 움직인다. 지루한 움직임을 진지하게 반복하는 순간 내 몸에 반전이 일어난다. 핵심은 움직임에 있다."
>
> -[유영만, 김예림(2021), 『부자의 1원칙, 몸에 투자하라』(블랙피쉬)] 중에서

유튜브 인플루언서는 움직임의 강자가 되어야 한다. 머릿속에 번뜩 들어오는 아이디어가 있으면 즉시 메모해야 하고, 행동으로 증명이 필요한 부분은 미루지 말고 바로 행동에 옮겨봐야 한다. 새로운 것에 늘 도전하는 마음을 게을리하지 않으면 내가 움직이는 것만큼 현실은 따라오게 되어 있다. 나는 그것을 절대적으로 믿는다.

행동력이 강한 유튜버는 말속에 에너지가 있다. 수강생들은 필자에게 '열정 아이콘'이라 애칭하기도 한다. 나 또한 자신에게 그렇게 말하기도 한다. '이거다!' 싶은 것에 미친 듯이 돌진해가는 집요함이 있다. 그것이 결과론적으로 해가 될 때도 있지만 보편적인 잣대를 놓고 봤을 때 나를 성장시키게 하는 원동력이 될 때가 더 많았다.

어떠한가? 움직임에 익숙한 유튜브 인플루언서로 거듭나고 싶지 않은가? 여러분들이 생각하고 마음에 담는 것만큼 여러분들은 그렇게 될 것이다. 아름다운 영향을 줄 수 있는 많은 유튜브 인플루언서가 동행해주기를 바라 본다.

동영상 참고편

QR코드 사용이 불편하신 분들은 제 채널(조안아카데미) 재생목록에 들어가셔서 "유튜브 크리에이터 과정" 제목란에 있는 숫자 확인하셔서 시청하세요.

1. 구글 계정 만들기 / 채널 개설하기 / 채널 아트 만들기 / 채널 아트 업로드, 프로필 사진, 동영상 워터마크 업로드하기/ 채널 기본정보 세팅하기

  (조안아카데미 → 재생목록 → 유튜브 크리에이터과정 → #48)

2. 채널 로고 만들기

  (조안아카데미 → 재생목록 → 유튜브 크리에이터과정 → #53)

3. 계정 인증하기

  (조안아카데미 → 재생목록 → 유튜브 크리에이터과정 → #39)

4. 뒷배경 지우는 법/누끼 따기(Snow활용)&키네마스터를 활용하여 썸네일 만들기

(조안아카데미 → 재생목록 → 유튜브 크리에이터과정 →#14)

5. 썸네일, 유튜브 오프닝, 클로징, 범퍼영상 만들기(멸치 활용)

(조안아카데미 → 재생목록 → 유튜브 크리에이터과정 → #49)

6. 픽사베이에서 이미지 사진이나 동영상 다운받기

(조안아카데미 → 재생목록 → 유튜브 크리에이터과정 → #18)

7. 크로마키 기법 활용하기

(조안아카데미 → 재생목록 → 유튜브 크리에이터과정 → #13)

8. 영상 편집하기 ①사진을 활용한 편집 방법

(조안아카데미 → 재생목록 → 유튜브 크리에이터과정 → #60)

9. 영상 편집하기 ②동영상을 활용한 편집 방법(클립그래픽을 활용한 편집)

(조안아카데미 → 재생목록 → 유튜브 크리에이터과정 → #61)

10. 유튜브 타인 동영상 다운받아 활용하는 방법

(조안아카데미 → 재생목록 → 유튜브 크리에이터과정 → #47)

11. 대용량 파일을 쉽게 전송하는 방법

(조안아카데미 → 재생목록 → 유튜브 크리에이터과정 → #55)

12. 재생목록 만들기

(조안아카데미 → 재생목록 → 유튜브 크리에이터과정 → #31)

13. 깔끔한 레이아웃으로 내 채널의 정체성 알리기

(조안아카데미 → 재생목록 → 유튜브 크리에이터과정 → #30)

14. 일반계정 채널에서 브랜드 계정 채널로 이전하기

(조안아카데미 → 재생목록 → 유튜브 크리에이터과정 → #56)

15. 유튜브 쇼츠폼 100% 활용하기

(조안아카데미 → 재생목록 → 유튜브 크리에이터과정 → #21~#23)

16. AI를 활용하여 성우 보이스로 녹음하기

(조안아카데미 → 재생목록 → 유튜브 크리에이터과정 → #56)

17. 귀여운 캐릭터로 가면 쓰는 법 이용하기

(조안아카데미 → 재생목록 → 유튜브 크리에이터과정 → #44)

18. 실시간 스트리밍하기(웹캠 활용)

(조안아카데미 → 재생목록 → 유튜브 크리에이터과정 → #58)

19. 프리즘 라이브 스튜디오 활용법(모바일 활용)/자동 자막 재생기능

　(조안아카데미 → 재생목록 → 유튜브 크리에이터과정 → #59)

20. 미리캔버스를 활용하여 썸네일 만드는 방법

　(조안아카데미 → 재생목록 → 유튜브 크리에이터과정 → #54)